本书由浙江大学侨福建设基金资助出版

Early Warning and Emergency
Response System for Stock Markets

股市安全预警
与 应急处理机制研究

杨晓兰 著

ZHEJIANG UNIVERSITY PRESS
浙江大学出版社

内容摘要

在我国的经济体系中,股票市场在市场资源配置、分散投资风险、优化企业资本结构等方面发挥了重要的作用。然而,与国外成熟的股票市场相比,我国股市制度建设尚不完善,内幕交易、市场操纵等行为影响了股市的健康发展,在大量非理性交易者的跟风行为下,股市存在较大的安全隐患。此外,随着金融市场的逐步开放,我国股市与国际股市的联动性加大,并有可能受到国际游资的冲击。面对我国股市高速发展的局面,我们迫切需要构建股市安全预警和应急处理机制,对股市可能出现的风险因素、突变因素进行有效监控与防范。

本书旨在综合利用行为金融学、计算机科学、实验经济学等方法,在分析股市安全机制和原理的基础之上,建立我国股票市场的安全预警系统;并且深入讨论各类股市应急处理机制的原理和应用情况,对断路器和涨跌停制度两类应急处理机制进行实验检验,为建立我国股票市场安全预警与应急处理机制提出相关政策建议。

本书的主要研究内容以及主要结论包括以下五个方面:

第一,宏观经济、市场制度、国外股票冲击和投资者心理是影响股票市场安全性的主要因素。

从宏观经济情况来看,宏观经济发展对股票市场稳定运行有重要的影响。尤其是当宏观经济发展失衡时,以主要的宏观经济指标(如货币供应量)为中介,实体经济的危机会通过预期效应、投资组合效应、股票内在价值增长效应等途径传导至股票市场。本书利用我国经济数据进行实证分析,结果显示汇率、利率、GDP 和货币供应量(M_2)与上证综合指数之间存在着长期均衡关系;其中汇率、货币供应量(M_2)和 GDP 与指数呈正相关,而利率与指数呈负相关。

从市场制度来看,市场制度会影响股票市场有效性、流动性和稳定性。本书的分析结果表明我国股票市场的制度缺陷导致个人投资者追逐短期投机利益和机构投资者操纵市场,对股票市场的稳定发展和安全运行造成了负面影响。这些具体的制度缺陷包括股票市场功能定位不合理、政策因素多变、市场资金来源不稳定、市场信息披露制度不完善等。

从国际市场的冲击来看,本书讨论了股票市场国际传染的传导机制,并通过实证检验表明,世界主要股票市场指数——美国道琼斯指数、英国伦敦 FTSE 指数和德国 DAX 指数对我国上证 A 股指数都存在非常显著的传染效应。美国股票市场如果受到的 1 个单位的意外冲击,将对中国股票市场价格产生 0.243 个单位的冲击;而英国股市 1 个单位的意外冲击,对中国股市将产生 0.222 个单位的冲击。此外,香港恒生指数对上证 A 股也有一定的传染效应。

从投资者心理因素来看,本书论证了个体心理偏差和群体性心理偏差对股市安全影响的机理。

第二,基于粒子群 BP 神经网络的股市安全预警模型对股票指数和股票市场危机的预警有较高的准确率。

本书设计了股市安全预警体系的指标体系,包括宏观经济、金融机构、国际市场冲击、股票市场四大类共 18 个预警指标。选取预警指标和上证综合指数在 2000 年 6 月到 2009 年 6 月的月数据,采用基于粒子群 BP 神经网络的预警方法,用其中偶数月的预警指标和下一月的上证综指组成训练样本组,用来训练人工神经网络,建立人工神经网络专家系统;奇数月的预警指标和下一月的上证综指组成预测样本组,用来检测已建立的人工神经网络的预警能力。研究结果显示,预警模型在预测上证综合指数上有较高的准确率。首先,训练后的神经网络专家系统得出的上证综指值与实际值基本一致,且绝大部分样本误差在 5% 以内,网络较好地反映了预警指标和上证综指间的内在关系;其次,用训练过的神经网络模型对预测样本的上证综合指数进行预测,显示出较为准确的预测结果,预测值和实际值的平均相对误差绝对值为 6.2942%。此外,我们通过股市压力指标定义股市危机发生月,研究结果表明预警模型在发出股市危机预警信号上体现出较强的预测能力,对股市危机月的预警准确率达 70%,对非危机月的预警准确率高达 93.94%,总样本预警准确率 89.9%。

第三,各国股票市场的历史经验表明价格平准基金、流动性干预等应急处理机制在应对股市危机上具有一定的有效性。

股市应急处理机制指那些可以抑制股票价格暂时波动的交易制度安排。本书利用历史文献分析法,按照价格限制机制的应用方式将其分为直接对交易或者交易价格进行限制的制度(包括涨跌停限制、断路器、平准基金等),以及通过增加或降低交易的成本和困难从而间接控制交易或者交易价格的制度（主要有征收交易税、保证金制度、流动性干预等）。本书系统分析了这些机制在各国股票市场的应用背景和效果，结果显示虽然对各类应急处理机制的实际效果还存在争议，但是1997年亚洲金融危机中香港政府的平准基金、美国次贷危机中美国政府的流动性干预等政策对防止股市危机的恶化起到了积极的作用。在国际比较和经验借鉴的基础上，本书分析了我国股市暴跌中相关应急政策存在的局限性，提出了设立我国股市应急处理机制的目标、原则和特点。

第四，股票市场的实验研究显示，断路器在抑制价格偏离理性预期的均衡水平上具有有效性。

本书设计了一个持续20期交易的实验室股票市场，市场面临股票价值变动和流动性冲击两种不确定性。实验结果显示，当不存在任何价格限制制度时，市场交易价格出现了对均衡水平不同程度的偏离，但股票价格有逐步收敛于均衡价值的趋势。在引入断路器的市场实验中，当交易价格波动过大而触发市场断路机制后，交易者的报价、出价比断路发生前更加趋近理性的水平。我们发现特别是在看跌的实验条件下，断路器机制加快了价格回归价值的速度，有效抑制了偏离的扩大，但这一效果是在牺牲市场流动性的基础上获得的。价格涨跌停制度并没有起到抑制市场非理性反应的作用。此外，断路器和涨跌停制度的存在都显著降低了市场的成交量，但都没有影响市场的波动性。

第五，针对上述研究结论，本书提出以下几项股市安全预警与应急处理机制的政策建议：（1）长期、实时监控、追踪影响股市安全的指标变量；（2）在指标监控的基础上，建立有效的股市危机预警系统；（3）当发生股市暴跌等严重影响股市安全运行的事件时，通过中央银行的货币政策提高市场的流动性；（4）引入大盘断路器机制；（5）设立我国股市的平准基金；（6）对国际游资进出股市进行有效监控，并且征收股票交易特许税。

目　　录

1 导　论

1.1　研究的背景与意义

随着中国经济的高速增长，我国股票市场不断发展壮大，截至 2014 年 11 月，沪深 A 股市场总市值超过日本，成为列美国之后的全球第二大市值市场。在我国的经济体系中，股票市场在市场资源配置、分散投资风险、优化企业资本结构等方面发挥了重要的作用。然而，与国外成熟的股票市场相比，我国股市制度建设尚不完善，内幕交易、市场操纵等行为影响了股市的健康发展，在大量非理性交易者的跟风行为下，股市存在较大的安全隐患。此外，随着金融市场的逐步开放，我国股市与国际股市的联动性加大，并有可能受到国际游资的冲击。面对我国股市高速发展的局面，我们迫切需要在科学发展观的指导下构建股市安全预警和应急处理机制，对股市可能出现的风险因素、突变因素进行有效监控与防范。

我国股票市场经常呈现波动加剧的特征。以 2000 年至 2010 年上半年的数据来看，在这十余年间上证综合指数 2 个月累计跌幅超过 20% 的次数为 5 次，全部发生在 2008 年以后。其中，2008 年发生 3 次，2009 年 1 次、2010 年 1 次[①]。尤其是 2008 年 10 月，上证综合指数跌至几年来最低水平（1664.93 点），与 2007 年 10 月的最高点 6124.04 点相比，累积下跌 72.81%。如此之高的跌幅可以被称为股市崩盘（crash）[②]。股市崩盘给投资者带来了巨大的损失，影响

[①]　上证综合指数 2 个月累计跌幅超过 20% 分别发生在 2008 年 3—4 月、7—8 月、9—10 月和 2009 年 8—9 月以及 2010 年 4—5 月。

[②]　2008 年 4 月，"泰晤士商业"列举了工业国家金融历史上的十大股市崩盘事件，1929—1932 期间的华尔街危机以整个美国股市下跌 89% 位居第一，华尔街 1901—1903 年股票跌幅达 46% 仅居第十（参见：http://timesbusiness.typepad.com/money_weblog/2008/04/the-ten-biggest.html）。与这些崩盘事件相对比，我国股市 2007 至 2008 年的下跌幅度同样能列入历史十大崩盘事件。

了股市投融资功能的正常运作和资源的有效配置。

是什么原因造成了2007—2008年我国股市的持续下跌？外部的原因是美国次贷危机的爆发，导致全球股市遭受负面冲击。内部的原因则主要包括以下几个方面：第一，内外交困的经济环境使经济增长的前景存在较大的不确定性；第二，大小非解禁以及大规模的再融资计划给股票市场带来巨大的供给冲击；第三，股票市场制度不完善，相关监管政策缺乏持续性；第四，投资者心理表现出对市场过度悲观、缺乏信心的特征。更为重要的原因是，在股指持续下跌的过程中，我国股市缺乏有效的预警机制和应急处理机制，投资者期望相关政策能够缓解因股市崩溃对投资者财富和经济发展带来的恶性影响，然而对政策预期的落空进一步激化了投资者过度悲观的情绪，导致股市信心的严重不足。

对普通的商品而言，在市场经济体制下，当价格过度偏离均衡水平时，市场具有自我调节、纠正的能力。例如当大米价格大幅下跌时，市场供给相应减少，"看不见的手"会逐步使价格收敛到市场均衡的水平。然而股票市场往往缺乏自我纠正的能力，股价大幅下跌往往引发投资者的恐慌，他们相继抛出手中股票，最终导致市场的崩盘。因此，通过有效的制度安排防范股市危机的发生以及减少危机带来的负面影响对维护市场稳定发展有着非常重要的意义。

从成熟股票市场的经验来看，股市预警与应急处理机制在应对股市危机上起到了一定的作用。Greenspan(2007)在总结股市崩溃的应对措施时指出，与1929年股市崩溃过后的大萧条相比，1987年美国股市崩盘之后并没有伴随同样的宏观经济衰退，其原因在于美联储采取相关措施保证了危机中资金的流动性，并且说服银行为证券公司提供融资。同样，在2007—2008年的次贷危机中，美国金融监管当局采取了及时的、持续的补救措施，在一定程度上挽救了市场的信心。

在我国股市发展的历程中，管理层对股市的稳定与健康发展给予高度重视，但由于我国股市仍处于发展的初级阶段，具有新兴加转轨的特征，至今尚未形成规范化、系统化的股市安全预警与应急机制。管理层通常是在股市大幅下挫、持续低迷、市场信心处于极度涣散的状态下才被迫提出救市措施，而在股市高涨时又往往采用打压政策，使市场陷于"泡沫—打压—低迷—政策救市—泡沫"的恶性循环中，降低了股票市场的运作效率，阻碍了相关制度实施的长期性与稳定性。随着金融全球化的趋势，我国股票市场的安全性将面临更大的挑战。如何对股市的安全性进行合理评估和预警、如何构建股市崩溃的应急处理机制对我国股票市场的健康稳定发展具有重要的意义，也是金融市场实践者和理论研究者共同面临的重大问题。本书将结合我国股票市场的具体情况，从股

市安全的机理出发,设计我国股市的预警指标、预警方法以及预警机制,并对股
市危机的应急处理机制进行研究。

1.2　研究的主要方法

在本研究中,我们综合利用了金融学、实验经济学、计算机科学等学科的研
究方法,具体研究方法主要包括以下几类:

第一,人工神经网络方法。人工神经网络方法具有处理非线性、不确定性
问题的能力,并能运用神经网络的自学习、自适应以及泛化能力完成系统的实
施与运行工作。鉴于股票市场价格波动的复杂性,本书利用人工神经网络方
法,建立了基于粒子群算法的人工神经网络预警模型。实证研究显示,本研究
建立的人工神经网络预警模型在预测我国股市危机上具有较高的准确率。

第二,历史文献分析方法。本研究回顾了中国股票市场的发展历程和国外
股市崩溃的著名事件,从历史文献中总结中国股票市场发展的基本特征,并借
鉴国外成熟市场的经验,为建立我国股市应急处理机制提出了相关政策建议。

第三,市场实验方法。新的市场制度和机制在市场中推行需要付出一定的
试错成本,而通过实验方法可以大大降低这样的成本。对于我国股票市场尚未
引入的断路器,我们采用了市场实验的方法来检验这种应急处理机制对投资者
行为和股票市场的影响。我们设计了看涨和看跌两种走势的虚拟股票市场,选
取真实参与人进行模拟交易,检验应急机制在实验市场的运行情况,并进一步
讨论了这类机制在真实市场运用的可行性。

1.3　研究的主要内容和思路

建立股市安全预警和应急处理机制的作用是获取超前预警指示信息,对股
票市场在运行过程中可能发生的金融资产损失和金融体系遭受破坏的可能性
进行实时分析、监测,并在此基础上对可能影响股市安全的因素进行防范,及时
采取措施避免或者减弱股市危机的恶化及其对经济体系产生的冲击。围绕这
一目标,本书的主要内容包括八章。

第一章为导论,主要阐述研究背景和目的,对研究方法、研究思路和框架进

行说明,指出本书的创新之处。

第二章是股票市场安全概述,首先介绍金融安全的概念和种类,然后对股市安全、股市危机的概念进行界定,最后讨论股市危机对经济发展的负面影响,论证建立股市安全预警系统和应急处理机制的重要意义。

第三章论证股票市场安全运行的机制和原理,对影响股市安全几个因素进行分析,包括宏观经济、市场制度、国外股票冲击以及投资者心理。第一,分析宏观经济与股市安全的关系,基于 VAR 模型的实证结果显示我国宏观经济指标中的汇率、利率、GDP 和货币供应量(M_2)与上证综合指数之间存在着长期均衡关系;第二,结合中国市场具体情况,论证了市场制度与股市安全之间的联系;第三,讨论股票市场国际传染的传导机制,并通过实证检验表明,世界主要股票市场指数——美国道琼斯指数、英国伦敦 FTSE 指数和德国 DAX 指数对我国上证 A 股指数都存在非常显著的传染效应;第四,分析个体心理偏差和群体性心理偏差影响股市安全的机理。

第四章建立股市安全预警体系的基本框架与指标。本章首先对金融市场的安全预警体系进行回顾,其次讨论股票安全预警体系的目标和实施框架,最后根据我国经济发展的情况和股票市场的特点,在借鉴 IMF 金融稳健指标和国外经典货币危机、银行危机预警指标的基础上,设计股市安全预警体系的指标体系,包括宏观经济、金融机构、国际市场冲击、股票市场四大类共 18 个预警指标。

第五章是股市安全预警的人工神经网络建模。本章结合粒子群算法和 BP 神经网络算法,建立基于粒子群 BP 神经网络的预警模型。选取 18 个预警指标和上证综合指数在 2000 年 6 月到 2009 年 6 月的月数据,用其中偶数月的预警指标和下一月的上证综指组成训练样本组,用来训练人工神经网络,建立人工神经网络专家系统;奇数月的预警指标和下一月的上证综指组成预测样本组,用来检测已建立的人工神经网络的预警能力。研究结果显示,预警模型在预测上证综合指数上有较高的准确率。此外,我们通过股市压力指标定义股市危机发生月,研究结果表明预警模型在发出股市危机预警信号上体现出较强的预测能力。

第六章对股市应急处理机制进行概述。本章首先界定股市应急处理机制的概念,对各种应急处理机制进行了分类;接着利用历史文献法,对各国股票市场上应急处理机制的应用、效应、发展情况进行综述与总结,特别对央行提供流动性以及市场的断路器、平准基金等应急处理机制的应用案例进行分析;最后指出了我国当前股市应急处理机制存在的问题,结合我国国情提出了股市应急处理机制的目标、原则、特点和基本的框架。

第七章报告了涨跌停制度、断路器机制的实验结果。实验设计的目的是利用实验经济学方法,分析真实实验被试者的交易行为,检验断路器、涨跌停板这两类应急处理机制在实验室市场的有效性。为了模拟真实股票市场中面临的上市公司价值变动的不确定性和宏观经济调控政策的不确定性,我们设计的实验室股票市场面临两类外部冲击,第一是随机的股票价值冲击,第二是流动性减少的冲击。其中,股票价值冲击包括冲击期望值大于零的看涨市场和冲击期望值小于零的看跌市场两种不同的市场条件。实验结果发现断路器制度有助于降低交易者的非理性交易行为,而涨跌停板制度的效应则并不显著。

第八章总结和政策建议。本章总结了股市安全预警和应急处理机制的框架和体系。在结合前述各章研究结论和调查问卷结果的基础上,本章对建立我国股票市场安全预警和应急处理机制提出了相关政策建议。

1.4　研究的主要创新点

第一,在对金融危机史进行回顾的基础上,本书梳理了股市危机与银行危机、货币危机之间的动态关系,分析了股市危机的成因及其对经济体的负面影响,论证建立股市安全预警系统和应急处理机制的重要意义。这些现实背景的分析和讨论为构建股市安全预警系统和应急处理机制提供了依据。

第二,建立了基于粒子群 BP 神经网络的股市安全预警模型。在预警方法中,粒子群优化算法 PSO (Partical Swarm Optimization)是一种优秀的全局优化算法,具有收敛速度快、容易实现等优点;而 BP(Back Propagation)人工神经网络具有较好的自组织、自学习、容错和模拟非线性关系的能力,但基于梯度下降的 BP 算法具有收敛速度慢、容易陷入局部极值的缺点。考虑到粒子群优化算法的全局搜索特性和 BP 人工神经网络算法快速的局部搜索能力,本书创新性地将两个算法有效结合起来,发挥两个算法的优势,建立了 PSO-BP 人工神经网络预警模型,实现了较高的预警准确率。

第三,利用实验经济学方法,在实验室股票市场中分别引入了涨跌停制度、断路器两类股市应急处理机制。本书通过分析实验市场中真实交易者的行为及其相互作用形成的价格数据,检验了应急处理机制的有效性,为在真实市场中推行应急处理机制提供了依据。

2 股票市场安全概述

股票市场是金融市场的组成部分,因此股市安全属于金融安全的范畴。作为整个经济和社会的血液,金融市场的安全和稳定直接影响到一国经济与社会的整体发展。本章将首先介绍金融安全的概念和种类,然后对股市安全、股市危机的概念进行界定,最后讨论股市危机对经济发展的负面影响,论证建立股市安全预警系统和应急处理机制的重要意义。

2.1 金融安全的概念

随着经济全球化的推进和国际资本流动的不断增加,一国经济和金融体系的不稳定能够迅速地传染到其他国家和地区,引发区域性、甚至国际性的金融震荡。1997 年的东南亚金融危机对亚洲多个国家和地区的经济发展产生了负面冲击,2007—2008 年美国爆发的次贷危机演变为席卷全球的国际金融危机,使全球经济至今尚未走出低迷的局面。在复杂的国际经济背景下,对于金融体系发展仍处于初级阶段的新兴市场而言,如何增强金融市场的稳健性,如何建立金融安全的预警和防范体系具有日益重要的意义。正因如此,金融安全一直是我国学术界研究的焦点和热点。

目前,关于金融安全的定义主要有三种观点(蒋海、傅建辉,2008)。第一是从货币资金融通的角度来定义金融安全。例如王元龙(1998)认为金融安全是货币资金融通的安全,凡与货币流通及信用直接相关的经济活动都属于金融安全范畴。这种观点强调金融安全的广泛性,即凡是影响金融安全与金融体系正常运转的所有变量都可认为是金融安全的范畴。持该观点的学者还有雷家骕(2000)。第二是从国家利益与安全的角度定义金融安全。梁勇(1999)指出国家金融安全是指一国能够抵御内外冲击，保持金融制度和金融体系的正常运行与发展，即使受到冲击也能保持本国金融及经济不受重大损害的状态，及由这种状态和能力所获得的政治、军事与经济的安全。这种观点强调国家金融主权，即强调国家政治、经济安全下金融体系稳定与发展。目前大部分学者持该类观点，如贺力平等（2007）。第三是从金融危机和金融风险的角度定义金融安全。张亦春等（2002）认为金融安全是相对于金融风险而言的，实现金融安全的根本途径在于促进金融创新的不断演进。刘锡良等（2004）认为金融安全是相对于金融风险和金融危机的特定状态，在该状态下金融运行有效率，金融风险处于金融危机的临界值之下。该观点强调金融安全与风险及危机之间的内在关系。

在本书中，我们采用陈松林（2002）对金融安全的定义。陈松林（2002）指出金融安全是保持金融系统运行与金融发展不受内外各种根本性威胁和侵害的状态，凭借各种手段把金融风险控制在可能引致金融危机的临界状态以下，确保正常的金融功能和金融秩序。金融安全包括两层含义：狭义的金融安全是指金融产业本身的安全；广义的金融安全包括国家的经济安全，这主要是由于金融在现代经济社会中的地位决定的。金融安全程度表明国际金融体系或一个国家、地区金融结构、运行状态与质量状况，是对一定的空间内金融体系的运行及发展特征的总体评判。在开放环境下，如果金融没有国际竞争力，国家的金融安全就没有保障。从这个意义上说，提高金融体系国际竞争力是国家金融安全的实质。

与金融安全有关的概念还包括金融稳定、金融风险、金融危机。在此我们对这些概念进行一些区分和梳理。在国外的学术研究和金融实践领域中，在描述金融市场运行状态时，较少使用"金融安全（financial security）"一词，而更多地使用"金融稳定（financial stability）"。欧洲央行执行委员会委员 Padoa-Schioppa（2003）认为金融稳定指一种状态，在这种状态下金融体系能够承受冲击，而且不会对经济中的支付程序和储蓄到投资的转换过程产生损害。欧洲中央银行行长 Duisenberg（2001）认为金融稳定状态是指构成金融体系的主要要素平稳运行。IMF 研究员 Houben 等（2004）认为在金融稳定状态下金融体系应该具备三个功能：第一，有效分配资源；第二，评估和管理金融风险；第三，吸收冲击。此外，也有一些研究者从金融稳定的反面来揭示金融不稳定的特征。美联储副主席 Ferguson（2003）认为金融不稳定应具有以下三个特征：第一，一些重要的金融资产价格严重脱离其基础；第二，国内和国际市场的功能，特别是信贷功能被严重扭曲;第三,前两项的结果导致总支出显著(或高或低)偏离实体经济的产出能力。即使学术界对金融稳定尚未形成一致、统一的定义,但各国中央银行都将维护金融稳定作为金融监管的重要目标。与金融稳定相比,我们认为金融安全是一个更为广泛的范畴,金融稳定是金融安全的表现形式。

金融风险指任何有可能导致企业或机构财务损失的风险。金融风险包括信用风险、流动性风险、汇率风险等。蒋海、傅建辉(2008)指出金融安全是一个宏观概念,虽然微观层面的风险通过积累和扩散会威胁到宏观金融安全,但并不是金融安全本身。金融市场的不确定性是客观存在的,金融风险是金融业运行和发展的常态,不能把这种常态视为不安全。如何看待金融风险和金融安全之间的关系? 金融风险是金融市场的基本特性,但是当个体的、微观层面的金融风险通过集聚和扩散从而超过一定的临界值时,金融风险就成为金融不安全的来源。例如,在 2007 年以来的美国次贷危机中,个别银行由于流动性风险、信用风险而导致巨额亏损或者倒闭时,还没有影响整个金融体系的安全,但是当这种风险进一步积累和扩散使整个金融体系陷入困境时,金融安全就受到了影响。

金融危机就是金融安全状态极度恶化的表现。金融危机又称金融风暴(financial crisis),是指一个国家或几个国家与地区的全部或大部分金融指标(如:短期利率、货币资产、证券、房地产、土地价格、商业破产数和金融机构倒闭数)的急剧、短暂和超周期的恶化。可以说对金融安全问题关注和研究的重点就是分析金融危机产生的原因和机理,探寻防范金融危机发生以及减少危机对经济社会影响的机制和政策,建立金融安全的防护网。

2.2　股票市场安全、股市危机的概念与界定

从上节对金融安全问题的讨论来看,股票市场安全是金融安全的一个组成部分。股市安全与货币安全、银行安全有着密切的关系,也有着自身独立的运行特征。股市危机是股票市场不安全的极端表现,对一国或者地区的经济发展有着显著的负面影响。

2.2.1　股票市场安全的概念与特征

相对于对宏观金融安全问题的研究而言,股票市场安全问题尚未得到足够

的关注。陈松林(2002)对股市安全的定义是以股票价格为代表和金融资产价格在短时间内不发生大幅波动。胡岷(2004)把股票市场安全定义为股票市场对立于危机而存在的一种均衡状态,它是建立在有效的监管体系、稳健的机构运行体系和规范的运行秩序基础上的稳定而有活力的状态,可以表现为资本品(股票)价格、市场主体的运营状况以及监管效率,其特征则是股票市场的稳定性、有效性和流动性。

我们认为股市安全指股票市场运行和发展不受内外各种根本性威胁和侵害、各种功能和秩序保持稳定的状态。股市安全的基本特征应该包括以下几个方面:

第一,从股票市场价格来看,股市安全意味着股票市场价格能够反映基本经济因素变化,而当这些因素并未有明显变化时,交易价格不应出现剧烈的波动。股票价格的波动和股市的风险是股票市场运行的常态,不能说股票价格波动就是股市不安全。一个功能良好、健康运行的股票市场能够正确反眏经济体系的状况,股票价格应围绕着经济基础决定的基础价值而波动。在经济基础之外,由于流动性过剩、外部冲击、投资者情绪、过度投机等因素的影响,投资者很可能对市场信息产生过度反应或者反应不足,导致股票价格的剧烈波动,从而影响股票市场的安全性。

第二,从股票市场的交易机制来看,股市安全要求股票市场能够提供有效、迅速、安全的交易平台,保证交易过程的顺利实现。随着电子技朮和网络技术的不断发展,当前几乎所有的股票市场交易都是通过电子化、网络化的形式来实现的。这就要求股票市场具备有效的硬件和软件条件,保证市场的资金安全以及交易指令的传递。

第三,从股票市场的制度环境来看,股市安全的内涵是市场具有公开、公正、公平的制度环境,并且充分体现在新股发行、上市公司信息发布等各个环节。特别是对于像我国股市这样的新兴加转轨的市场而言,制度环境对股票市场安全有着重要的意义。在我国股市发展的历史上,内幕交易、市场操纵一直且至今依然是股市暴涨暴跌的核心原因。正如胡岷(2004)指出有别于市场经济,转轨经济的制度特点是不完善的制度安排和不断推进的制度变迁。在转轨过程中,由于两种制度的冲突,以及政府和市场两种力量的相互作用,中国股票市场金融安全具有与市场经济迥异的生成机理,其风险本身可能就是制度性的。

第四,从股票市场的流动性来看,股市安全意味着市场具有适当的流动性。

良好的市场流动性不仅对投资者是重要的,而且对维护整个金融市场的安全都至关重要,因为在一个流动性高的市场上,通常价格的决定也会比较有效,而且高流动性能够增强市场参与者的信心,抗御外部冲击,从而降低系统风险。

第五,从股票市场的盈利性来看,处于安全状态的股票市场能在平均水平上为投资者提供正的回报,能够实现资源的有效配置。股票市场是上市公司筹集资金以及投资者进行投资、理财的平台,个别上市公司经营亏损以及部分投资者投资亏损是市场的正常现象,但如果个体风险累积和扩散成为系统性风险,出现上市公司和投资者大面积亏损的情况,股票市场就不能再视为处于正常和安全的状态。

第六,从股票市场的监管来看,股市安全要求监管部门对于股票市场的运行有一定的监管和控制能力,能防止股票市场受到国内外突变因素的冲击,保护投资者的利益。此外,股市安全还要求监管部门的政策措施具有持续性、可信性,能够对投资者起积极、正确的引导作用。

2.2.2　股市危机的概念

股市危机(stock market crisis)是股票市场不安全的极端表现,是指股票市场价格出现剧烈下跌的现象。股市危机根源于经济条件的不确定性以及投资者对这种不确定性的非理性过度反应。通常情况下,股市危机是股市投机泡沫膨胀的后果。当股票价格持续一段时间过度上涨之后,市场投机盛行,在债务杠杆等金融工具的放大作用下,股市泡沫不断膨胀。此时,一些特定的经济事件会触发股市泡沫的破裂,市场开始出现恐慌性的卖盘,并终导致整个市场的巨幅下跌。

从根源上,股市危机是由经济条件的不确定性和投资者的非理性恐慌造成的;从表现上,股市危机通常是通过股价的剧烈下跌体现出来的。股市危机一般包括两种具体情况:第一是股市崩盘(stock market crash),股票价格指数在短短几个交易日内出现两位数的跌幅,通常就认为是发生了股市崩盘;第二是股市几个月、甚至几年持续下跌和低迷,这种情况也称为是熊市(bear market)。股市崩盘与股票市场的熊市有一定的关系和差别。股市崩盘是恐慌性抛盘导致的股价在几日内急剧下跌,熊市是指股票价格在几个月或者几年间持续低迷。金融市场的发展历史显示,股市崩盘通常都会带来熊市,但有时并非如此。例如,1987年美国股票市场崩盘,并没有伴随熊市,而日本在20世纪90年代发生的持续几年的熊市并没有出现显著的崩盘。从18世纪的南海公司泡沫开始,大部分国家和地区的股票市场都曾经发生过危机。历史上著名的股市危机包括1929年美国股市危机、1987年黑色星期一、1997年东南亚金融危机和2007—2008年美国次贷危机引发的全球股市暴跌。

一、1929年的美国股市危机[①]

1929年华尔街股票市场大崩盘是美国金融历史上最为严重的危机之一。从1928年开始,美国股市的上涨进入最后的疯狂。事实上,在20世纪20年代,美国的许多产业仍然没有从第一次世界大战后的萧条中恢复过来,股市的过热已经与现实经济的状况完全脱节了。1929年3月,美国联邦储备委员会对股票价格的高涨感到了忧虑,宣布将紧缩利率以抑制股价暴涨,但美国国民商业银行的总裁查尔斯·米切尔从自身利益考虑,向股市中增加资金投入以避免下跌,股票经纪商和银行家们仍在极力鼓动人们加入投机。股市的暴跌开始于1929年10月。从1929年9月到1933年1月间,道琼斯30种工业股票的价格从平均每股364.9美元跌落到62.7美元,20种公用事业的股票的平均价格从141.9美元跌到28美元,20种铁路的股票平均价格则从180美元跌到了28.1美元。受股市影响,银行体系动荡也因泡沫的破灭而出现。几千家银行倒闭,数以万计的企业关门,1929年到1933年短短的四年间出现了四次银行倒闭风潮。尽管在泡沫崩溃的过程中,直接受到损失的人有限,但银行无法避免大量坏账的出现,而银行系统的问题对所有人造成间接冲击。

大崩盘之后随即发生了大萧条。大萧条以不同以往的严重程度持续了10年。从1929年9月繁荣的顶峰到1932年夏天大萧条的谷底,道琼斯工业指数从381点跌至36点,缩水90%,到1933年年底,美国的国民生产总值几乎还达不到1929年的1/3。实际产量直到1937年才恢复到1929年的水平,接着又迅速滑坡。直到1941年,以美元计算的产值仍然低于1929年的水平。1930—1940年期间,只有1937年全年平均失业人数少于800万。1933年,大约有1300万人失业,几乎在4个劳动力中就有1个失业。

纽约股市崩溃发生之后,美国参议院立即对股市进行了调查,发现有严重的操纵、欺诈和内幕交易行为。1932年银行倒闭风潮又暴露出金融界的诸多问题。在总结教训的基础上,从1933年开始,罗斯福政府对证券监管体制进行了根本性的改革。建立了一套行之有效的以法律为基础的监管构架,重塑了广大投资者对股市的信心,保证了证券市场此后数十年的平稳发展,并为世界上许

---

① 主要参考百度百科:美国股灾,http://baike.baidu.com/view/724536.htm。

多国家所仿效。以 1929 年大股灾为契机，一个现代化的、科学的和有效监管的金融体系在美国宣告诞生。经历了大崩溃之后，美国股市终于开始迈向理性、公正和透明。此后，经过罗斯福新政和第二次世界大战对经济的刺激，美国股市逐渐恢复元气，到 1954 年终于回到了股灾前的水平。

二、1987 年黑色星期一①

20 世纪 50 年代后期和整个 60 年代，是美国经济发展的"黄金时期"。经济持续稳定增长，通货膨胀率和失业率降低到很低水平。到 80 年代时，美国股市已经历了 50 年的牛市，股票市值从 1980 年的 24720 亿美元上升到 1986 年的 59950 亿美元。自 1982 年起，股价走势更是持续上扬，交易量也迅速增加，1987 年日交易量达到 18060 万股。股市异常繁荣，其发展速度远远超过了实际经济的增长速度，金融交易的发展速度大大超过了世界贸易的发展速度。因为股市的高收益性，大量的国际游资及私人资本源源不断地流向股市，这些资金为追求短期利润而在股市上从事投机交易，造成股市的虚假繁荣。

在这段长达 50 年的股市繁荣也留下了许多阴影。1973 年至 1975 年，以美元为中心的布雷顿森林体系瓦解，美国爆发了第二次世界大战以来最严重的一次经济危机，致使通货膨胀率上升，失业率很高。加之当时美苏开展军备竞赛，这大大削弱了美国的经济力量，使国际甚至是国内的市场占有份额也不断下降，外贸赤字和预算赤字不断上升。随着美国政府对金融市场管制的放松和对股票投资的减税刺激，巨额的国际游资涌入美国股票市场，促进了股价持续高涨。在 1987 年前 9 个月中，仅日本购买美国股票的新增投资就达约 150 亿美元。

1987 年 10 月 19 日，星期一，华尔街上的纽约股票市场刮起了股票暴跌的风潮，爆发了历史上最大的一次崩盘事件。道琼斯指数一天之内重挫了 508.32 点，跌幅达 22.6%，创下自 1941 年以来单日跌幅最高纪录。6.5 小时之内，纽约股指损失 5000 亿美元，其价值相当于美国全年国民生产总值的 1/8。纽约股票交易所计算机系统在这一天也几乎陷入了瘫痪的状态。纽约股票交易所共有 200 台计算机，这套系统从未处理过如此巨大的交易。当股票交易数据涌进计算机时，计算机几乎无法处理。卖单蜂拥而至时，信息系统处理速度远远滞后。开盘后不到一个小时，由于抛盘数量太大，计算机竟比实际交易速度慢了 20 分钟；中午，计算机系统中的指定指令转换系统（DOT）慢了约 75 分钟。由于 DOT 系统容量不足，传送到 DOT 系统的 3.96 亿股的交易竟有 1.2 亿股没有执行。

---

① 主要参考百度百科：美国股灾，http://baike.baidu.com/view/724536.htm。

　　这次股市暴跌震惊了整个金融世界,并在全世界股票市场产生"多米诺骨牌"效应,伦敦、法兰克福、东京、悉尼、香港、新加坡等地股市均受到强烈冲击。"黑色星期一"这一天,东京股票交易所从开盘起,股票价格便直线下跌。日经225 指数下跌了 620 点,跌幅为 14.9%;香港恒生指数下跌 421 点,跌幅为11.3%,也创下了一天下跌最高纪录;新加坡海峡时报指数下跌 169 点,跌幅为12.4%;澳大利亚所有普通股价格指数下跌 80 点,跌幅为 3.7%;FTSE30 指数下跌 183.7 点,跌幅为 10.1%,FTSE100 指数下跌 249.6 点,跌至 2053.3 点,投资者损失达 500 亿英镑。此外,巴黎、法兰克福、斯德哥尔摩、米兰、阿姆斯特丹等股市均有 6% 至 11% 不同程度的下跌,形成全世界范围内的股市冲击波。面对席卷全球的股市狂潮,各地政府震惊之余,迅速采取一系列救市措施。香港股市当即停市 4 天,联邦德国宣布降低证券回购率,七国集团会商如何向金融系统提供流动资金。

　　纽约股市暴跌,加剧了工人失业,极大地影响了投资和消费,进而影响并减少国民收入。这次股票下跌,削弱了美国人的购买力,使消费有所下降并直接影响到生产。在美国,直接从事股票投资的人占全国人口的 1/4,这部分人基本上分布在购买力最强的年龄层次。股市的暴跌使原来依靠股票红利、股息和投资股票获取利润来安排生活的人深受打击。短短一年之内,美国的私人消费开支减少约 500 亿美元,使五年多来以股市为推动力,以消费为主导的美国经济出现了转折点。股票暴跌给美国经济带来的潜在威胁集中在投资领域。美国企业界需要依靠外国资本扩大投资,政府也需要利用外资来弥补财政亏空。

三、1997 年东南亚金融危机[①]

　　1997 年 7 月爆发了一场始于泰国、后迅速扩散到整个东南亚并波及世界的东南亚金融危机,使许多东南亚国家和地区的汇市、股市轮番暴跌,金融系统乃至整个社会经济受到严重创伤。1997 年 7 月至 1998 年 1 月仅半年时间,东南亚绝大多数国家和地区的货币贬值幅度高达 30%~50%,最高的印度尼西亚盾贬值达 70% 以上。同期,这些国家和地区的股市跌幅达 30%~60%。表 2.1列出了亚洲部分国家(或地区)在此次危机中股票市场的跌幅。据估算,在这次金融危机中,仅汇市、股市下跌给东南亚国家(或地区)造成的经济损失就达1000 亿美元以上。受汇市、股市暴跌影响,这些国家和地区出现了严重的经济衰退。

---

　　① 主要参考百度百科:东南亚金融危机,http://baike.baidu.com/view/639387.htm。

表 2.1　亚洲部分国家(或地区)在股市危机中的跌幅

国家(或地区)	股票跌幅(1997 年底与 1996 年底相比:%)
泰国	−55.2
印度尼西亚	−37.0
韩国	−42.2
马来西亚	−52.0
菲律宾	−41.0
新加坡	−31.0
中国香港	−20.3
日本	−21.2

数据来源:胡岷:《转轨经济及封闭条件下我国股票市场安全的制度分析》,2004 年西南财经大学博士论文。

　　这次东南亚金融危机持续时间之长、危害之大、波及面之广,远远超过人们的预料。然而,危机的发生绝不是偶然的,它是一系列因素共同促成的必然结果。从外部原因看,是国际投资的巨大冲击以及由此引起的外资撤离。据统计,危机期间,撤离东南亚国家和地区的外资高达 400 亿美元。但是,这次东南亚金融危机的最根本原因还是在于这些国家和地区内部经济的矛盾性。东南亚国家和地区是近 20 年来世界经济增长最快的地区之一。这些国家和地区近年来在经济快速增长的同时暴露出日益严重的问题:第一,以出口为导向的劳动密集型工业发展的优势,随着劳动力成本的提高和市场竞争的加剧正在下降。上述东南亚国家(或地区)经济增长方式和经济结构未作适时有效的调整,致使竞争力下降,对外出口增长缓慢、造成经常项目赤字居高不下。1996 年,泰国国际收支经常项目赤字为 230 亿美元,韩国则高达 237 亿美元。第二,银行贷款过分宽松,房地产投资偏大,商品房空置率上升、银行呆账、坏账等不良资产日益膨胀。泰国金融机构出现很严重的现金周转问题,韩国数家大型企业资不抵债宣告破产,日本几家金融机构倒闭,印度尼西亚更是信用危机加剧。以上这些经济因素从各个方面影响了汇市和股市。第三,经济增长过分依赖外资,大量引进外资并导致外债加重。泰国外债 1992 年为 200 亿美元,1997 年货币贬值前已达 860 亿美元,韩国外债更是超过 1500 亿美元。第四,汇率制度僵化。在危机爆发前几年美元对国际主要货币有较大升值的情况下,东南亚国家和地区的汇率未作调整,从而出现高估的现象,加剧了产品价格上涨和出口锐减。因此,这些国家和地区面临较大的货币贬值的压力。而货币贬值又导致了偿还外债的能力进一步下降,通货膨胀压力加剧,从而促使股市下跌。第五,在开放条件和应变能力尚不充分的情况下,过早地开放金融市场,加入国际金融一体化。当国际游资乘机兴风作浪时,一些东南亚国家和地区不知所措或措施不力,完全处于被动地位。

四、2007—2008 年的全球股灾[①]

2008 年美国的次贷危机导致众多银行、投资公司巨额亏损、倒闭,并迅速蔓延至欧洲、亚洲等国家和地区,引发了全球金融市场的动荡,多个国家和地区的股票市场出现了剧烈的跌幅。仅在 2008 年 1 月 21 日,伦敦金融时报 100 指数、巴黎 CAC40 指数、法兰克福 DAX 指数、新加坡海峡时报指数、香港恒生指数、上海上证综指跌幅均超过 5%。

美国次贷危机是伴随着大约于 2005—2006 年的美国房地产泡沫破灭,以及"次级贷款"与可调整利率贷款(Adjustable Rate Mortgage,ARM)的高违约率而开始的。在危机发生前几年的政府政策和竞争压力助长了高风险贷款的发放。此外,较低水平的首付条件以及房价长期上涨的趋势让借款人相信偿还房贷抵押的艰苦只是暂时性的,他们能够在未来迅速地找到更有利的融资条件。然而,2006—2007 年利率开始回升,房地产价格在美国许多地区开始适度下降,再融资变得更加困难。违约与法院拍卖活动急剧增加,房屋价格并没有如预期般地上升,同时 ARM 利率再创新高。在 2007 年期间,近 130 万处房地产遭到法院拍卖,比起 2006 年增长 79%。伴随美国房地产泡沫的破裂,多家银行、投资公司、贷款公司由于受次贷资产及其衍生产品的影响而陷入困境。银行的巨额亏损和倒闭引发了金融市场的恐慌,造成了各国股票市场的剧烈波动。

2007 年 6 月到 2008 年 11 月间,美国股票市场失去了超过其资产净值 1/4 的市值。时至 2008 年 11 月月初,美国股市标准普尔 500 指数从 2007 年的高点下跌了 45%,房价从 2006 年的高峰下跌了 20%。美国住房资产净值从 2006 年价值 13 兆美元的高峰,下降到 2008 年中期的 8 兆 8 千亿美元,并且 2008 年年底时仍在下降。在同一时期内,储蓄和投资的资产(除退休储蓄)有 1 兆 2 千亿美元损失,而养老金资产有 1 兆 3 千亿美元损失。香港恒生指数在 2008 年 10 月的一个月内下跌了 22%,为亚洲金融风暴以来最差的一个月。次贷危机严重

---

① 主要参考维基百科:2008 环球股灾,http://zh.wikipedia.org/w/index.php? title=2008%E5%B9%B4%E7%92%B0%E7%90%83%E8%82%A1%E7%81%BD&-variant=zh-hans。

打击越南股市,造成近 60% 的股价跌幅。韩国股市从 2008 年 1 月开始受到波及,在 10 月初发生多次暴跌,总计下跌 40%,韩元也由于韩国外汇和贵金属储备不足的国家特性,高度依赖外国担保和外资信用来运作经济,一度贬值 70%。日本股市和全球一样连日下跌,在 2008 年 10 月 27 日创下 26 年来最低点,日本政府宣布 10 兆日元救市计划。2008 年 11 月 14 日俄罗斯宣示股市休市,因为俄罗斯经济主要依靠石油出口,经济衰退的预期导致油价大跌,俄罗斯股市几乎无量暴跌。乌克兰股市逐步连续下跌超过 60%,且货币大幅贬值,外汇存底只够支付 4 个月进口货物,向 IMF 提出救援贷款需求。冰岛股市事发以来萎缩 75% 以上,向 IMF 提出第一阶段约 50 亿美金救援贷款需求。

2007—2008 年的全球股灾中,中国股市并未幸免于难。2006 年以来在上市公司股权分置改革顺利推行、上市公司经营状况好转、证券市场制度建设不断完善等因素的刺激下,我国股市走出了持续多年的低迷局面,引发了一轮又一轮的震荡上扬行情。2007 年 10 月 15 日,上证综合指数和深圳成指双双创下历史新高,尤其是上证指数突破 6000 点大关给市场投资者带来了莫大的鼓舞,此时股票价格已经蕴含了较大的泡沫。2007 年 11 月,美国次贷危机爆发,在周边股市遭受重挫的外部刺激下,我国的股票市场走势发生了逆转,从 2007 年 11 月 1 日至 30 日,月跌幅超过 17%。然而,当美国股市稳步回升时,我国股市依然不改下跌的趋势,股指开始了长达一年的持续下跌。直至 2008 年 10 月 28 日,股指跌至几年来最低水平,上证综合指数最低点为 1664.93 点,与 2007 年 10 月的最高点 6124.04 点相比,累积下跌 72.81%。除了受到国际市场的冲击和传染之外,我国股市暴跌还有其独特的原因,例如大小非解禁以及大规模的再融资计划给股票市场带来巨大的供给冲击,政府监管政策的多变性也导致投资者对市场过度悲观、缺乏信心等。

从全球金融市场的情况来看,2007—2008 年的金融危机和股灾有着众多复杂的原因。2008 年 11 月 15 日,20 国集团的领导人在《金融市场和世界经济峰会宣言》上列举了下面的原因:在全球经济增长强劲期间,资本流动越来越多;市场参与者由于寻求更高的收益而对风险没有足够的认识,未能善尽行使调查之责;与此同时,保险业标准的脆弱、风险管理做法的不健全、日益复杂且不透明的金融产品、导致过度结合财务杠杆,从而产生了系统中的漏洞;一些先进国家的决策者、管理者和监督者,对建立在金融市场的风险没有充分理解和处理,未能跟上金融创新的脚步,或考虑到国内管制行动的系统性影响。

2.3　股市危机与银行危机、货币危机的动态关系

上节列举了金融历史上著名的股市危机，从中我们可以看到股市危机通常情况下与银行危机、货币危机是相互交织的。例如东南亚金融危机中，泰国、菲律宾、韩国等都同时发生了银行、货币与股市的危机，这种多重危机一般发生在刚刚开放金融市场的新兴市场国家；而在 2007—2008 年的全球金融危机中，美国以及欧洲各国出现了银行危机与股市危机并存的现象。有些情况下，银行与外汇市场并未出现显著的恶化，股票市场也可能发生剧烈的波动，典型的例子就是中国。从严格意义上而言，我国金融市场从未发生过银行危机和货币危机，其中的原因在于我国的金融市场在过去长期处于管制状态，国家是银行的最终贷款人，人民币汇率的波动也处于较小的范围之内。而我国的股票市场从20 世纪 90 年代初建立以来曾经多次发生剧烈波动的现象，股票市场的稳定性较弱。随着我国金融市场市场化、自由化和对外开放性的推进，股市、银行与外汇之间的联系将日益紧密，更加需要从金融体系的整体来考虑安全问题。

股票市场的安全受四个层次因素的影响：第一，是宏观经济，宏观经济的变化决定了股票市场的基本价值，因此当宏观经济出现失衡时，会直接引发股票市场的波动，宏观经济中的关键变量，例如经济增长、货币供应、汇率、利率、CPI等与股票价格都可能存在显著的联系；第二，是制度因素，特别是对于我国股票市场而言，具有新兴加转轨的特征，股票市场的制度安排和制度变迁深刻地影响着股票市场的安全状态，制度缺失、制度不规范带来的内幕交易、市场操纵是引发股市危机的一个重要原因；第三，是国外股票市场的传染和冲击，即使一国的经济和金融情况运行良好，在全球经济一体化的背景下，股票市场的价格也会因国际市场的冲击而发生波动；第四，是投资者心理和预期，股市危机发生之前的股价泡沫膨胀多来源于投资者的过度乐观以及从众行为，而股市的崩盘与投资者的恐慌有着直接的关系。从这四个层次的原因来看，银行安全与货币安全与股市安全有共同的宏观经济基础和投资者心理、预期背景，也同样面临着国际市场的冲击和传染，因而使三者之间存在相互影响的关系。

具体而言，股市危机与银行危机、货币危机之间的关系可以用图 2.1 表示出来。第一，如果银行危机爆发，整个金融市场的资金流会受到影响，股票市场的资金供给必然减少。更为严重的是，银行的巨额亏损或者倒闭会直接引发银

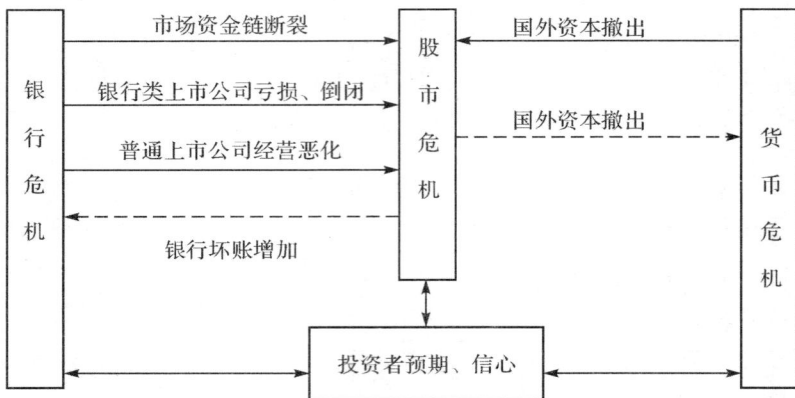

图 2.1　股市危机与银行危机、货币危机的关系

行类上市公司股票价格的大幅下跌。在各国的股票指数中银行股占据比较大的比例,银行股的下跌很容易导致整个股票市场股指的恐慌性下跌,例如2007—2008 年美国花旗等银行的巨额亏损造成了道琼斯指数的大幅下滑。同时,银行危机会使银行之外的普通上市公司经营恶化,这些都可能成为引发股市危机的因素。第二,如果发生股市危机,机构投资者、公司会普遍出现投资亏损,从而使银行体系的坏账增加。日本 20 世纪 90 年代初泡沫破裂引发的长期经济萧条就是由股市危机导致银行危机的典型案例。第三,从股市危机与货币危机的关系来看,如果发生本国货币大幅贬值的货币危机,股票市场中的国际投资以及游资都可能撤出,此时如果股票市场开放程度较高,国外投资占股票投资的比例较大,外资撤出就会导致股市的暴跌。相反,如果危机从股市开始,在股票持续下跌的过程中,国外资本也会大量撤出,从而引发汇率的贬值,并可能导致货币危机。1997 年东南亚金融危机中一些国家和地区就同时发生了股市危机和货币危机。第四,除了银行、股票和外汇市场存在直接的经济联系之外,投资者的悲观预期和对金融市场失去信心是引发多重危机爆发的一个重要原因。例如,当股市暴跌时,即使银行体系没有受到显著的影响,悲观和恐慌情绪也可能带来银行的挤兑风潮。

2.4　股市危机对经济发展的负面影响

众多的理论研究和实证研究表明,股票市场的发展对经济增长有着显著的刺激作用。例如,Levine 和 Zervos(1998)指出股票市场和银行的发展对经济增长、资本积累和生产效率的提高都有着显著的正向影响。在过去的 20 多年里,我国股票市场从无到有,已经开始在经济体系中起到越来越重要的作用。无论从市价总值还是上市公司主营业务占 GDP 的比重来看,我国股票市场增长显著。中国证监会发布的《2008 中国资本市场发展报告》指出,我国投票市场已经成为经济资源配置的重要平台,股票市场发挥的积极作用主要表现在以下几个方面:第一,上市公司日益成为中国经济体系的重要组成部分;第二,资本市场融资和资源配置功能日益发挥,推动了企业做大做强;第三,促进了企业的价值发现和价值重估;第四,引领了企业制度改革,促进了国有企业和国有资产管理模式的改变;第五,丰富了吸引国际资本的方式,有助于中国经济更好地融入世界经济体系。此外,股票市场还在改善金融市场结构、丰富居民理财方式等发面起到了重要的作用。然而股票市场功能的发挥是建立在股票市场稳定运行的前提下,如果股票市场发生剧烈的动荡,是难以对经济体系产生良性的刺激作用的。

在 2.2 节中我们已经列出了金融历史上重要的崩盘事件,这些股票市场发生的剧烈震荡对金融体系,甚至整个经济体系都产生了严重的负面影响。这些影响主要是通过以下几个途径来实现的。

一、股市危机崩盘导致财富缩水,并通过财富效应的作用影响经济增长

1929 年 10 月 29 日美国纽约股票市场的崩盘导致投资者财富减少了 140 亿美元,1987 年纽约股票市场的"黑色星期一"使 5000 亿美元蒸发,到了 2008 年 9 月 29 日,美国道琼斯指数在一天之内下跌 700 多点,市值蒸发 1.2 兆美元。2008 年 10 月 25 日我国沪深两市股指都出现了暴跌,减少的市值达到 1.43 万亿元。市值的缩水使投资者信心遭受打击,并且通过财富效应直接影响消费,并进一步影响实体经济的增长。

股票市场的财富效应是指由于股价上涨(或下跌),导致股票寺有人财富的增长(或减少),进而产生扩大(或减少)消费,影响短期边际消费倾向(marginal propensity to consume,MPC),从而促进(或抑制)经济增长的效应。近年来,行为金融学的研究表明,股票市场存在所谓"财富幻觉"和"影子财富"。行为金融理论认为,消费支出不仅取决于收入水平或购买力高低,还包括人们对收入变动的心理预期因素。财富流动和增值不完全取决于对目前资产价值的评价,还取决于对资产价值的增长预期。只要预期存在于市场,市场的兴衰就决定财富价值的多少。股价波动时,投资者股市财富随之变动,这种虚拟财富套现后才变成实际财富,虚拟财富和实际财富之间的差额就是"财富幻觉"。从心理预期角度分析,我们把股市财富预期价值称为"影子财富"。影子财富和财富幻觉常常被放大或缩小,并影响经济主体的投资行为。股价的波动导致消费需求波动,从而对经济波动会产生推波助澜的作用。一般情况下,当股价水平上升时,居民影子财富升值,财富幻觉的作用将导致居民消费支出增加,然后通过总需求的增加使经济增长升温,股价水平也进一步上升,促进消费进一步增长;反之,当股价水平下降时,居民影子财富缩水,加上财富幻觉的作用,居民消费支出将减少,消费支出的减少通过总需求的减少使经济进一步降温,股市也进一步下跌。特别是当股票市场发生大幅下跌,甚至崩盘时,经济主体对股票市场持悲观预期,这种悲观情绪还将进一步蔓延至消费市场,导致市场的低迷和萎缩,并有可能使经济体系陷入衰退。

相当多的实证研究支持了财富效应的存在。例如,Ludvigson 和 Steindel (1999)利用 1953—1997 年间的季度数据,对美国股票市场财富效应进行实证分析后得出,股票财富与社会总消费之间具有显著的正向关系,股票市场的不断扩展确实增加了市场中的消费增长;但计量结果同时也显示,股票市场中的财富效应相当不稳定,而且很难消除这种不稳定性。Dynan 和 Maki(2001)以 1983—1999 年间的季度数据为样本研究了美国股票市场的价格对于消费的影响,结果发现,直接的财富增长会使消费迅速增长而且会持续几个季度,但是通过影响预期而影响消费支出的间接渠道并不是消费支出的决定性因素,持有股票的家庭,其资产每上升 1 美元,其消费支出会增加 5~15 美分。Poterba (2000)指出财富效应具有非对称性,即股市财富下降时消费者减少消费的速度要比股市财富上升时增加消费的速度快得多。Zandi(1999)的实证检验表明股票市场财富每增加 1 美元可能使消费增加约 4 美分,但股市财富每缩水 1 美元可能使消费减少 7 美分。当然也有一些学者对财富效应持怀疑态度,他们认为基于股价波动的不确定性导致投资者股票财富的不确定性,加之消费相对于股价波动存在"时滞",从而难以准确衡量股市对消费的影响。

从我国的情况来看,由于我国股市还处于发展的初级阶段,股票市值占 GDP 的比例不高,股市投资者面窄,股市波动幅度大等因素,股市对消费的影响还是非常有限的(胡少维,2001)。罗赤橙(2008)、刘仁和(2008)都通过实证分析同样认为当前我国股市财富效应对消费的影响有限。但是,可以预见的是随着我国股票市场的不断发展,投资者的规模将日益增长,股票价格波动对消费的影响也将更加显著。

二、股市危机崩盘减弱了股票市场的基本功能

对于一个功能完善的股票市场而言,其功能应该包括筹集资金、优化资源配置和分散投资风险等几个方面。然而,当股市发生危机时,这些基本功能都会受到影响。

筹集资金是股票市场的首要功能。企业通过在股票市场上发行股票,把分散在社会上的闲置资金集中起来,形成巨额的、可供长期使用的资本,用于支持社会化大生产和大规模经营。当股市崩盘时,投资者对市场的信心下降,市场预期极度悲观,给新股票的发行以及原有上市公司再融资带来了困难。在我国股票市场的发展历史上,当股市发生持续下跌,陷入低迷时,管理层通常通过暂停 IPO 的方式来缓解股票市场的供需矛盾,导致股票市场在此期间可筹集资金的功能极度弱化。在我国股票市场发展的 20 多年历史里,曾经 8 次暂停 IPO,其中 2001 年和 2005 年暂停的时间都超过一年,累计暂停时间超过 4 年。最近的一次 IPO 暂停发生在 2012 年 12 月。在 IPO 暂停期间,股票市场的筹资功能受到严重影响,阻碍了待上市企业相关生产计划和投资计划的实施。

股票市场的优化资源配置功能是通过一级市场筹资、二级市场股票的流动来实现的。投资者通过及时披露的各种信息,选择成长性好、盈利潜力大的股票进行投资,抛弃业绩滑坡、收益差的股票。这就使资金逐渐流向效益好、发展前景好的企业,推动其股价逐步上扬,为这些公司利用股票市场进行资本扩张提供良好的运作环境,而业绩差、前景黯淡的企业股价下滑,难以继续筹集资金,以致逐渐衰落、消亡或被兼并收购。股市崩盘是股票市场受到系统性风险冲击的结果,同一市场中的大部分股票都会出现股价大幅下滑的现象。例如在 2007 年 10 月至 2008 年年底的中国股票市场里,无论业绩优良的上市公司,还是亏损的上市公司,股价下跌的幅度基本接近,在多个交易日里还出现了上百只股票同时跌停的现象。在这种情况下,股票市场难以发挥资源优化配置的功能。此外,在股票市场崩盘之后,投资者参与股票市场交易的积极性会显著下降,市场成交量萎缩,严重影响了市场的流动性。

在发生股市危机的情况下,股票市场与实体经济的良性互动的机制被破坏,因此有必要建立有效的安全预警机制,对可能导致股市危机的因素进行监控和防范。

三、股市危机带来的经济衰退会产生较大的社会经济成本

股市危机以及往往同时发生的银行危机、货币危机通常会导致经济发展进入衰退期,由此带来较大的社会经济成本。Goldstein 等(2000)统计了金融危

机爆发后,各个经济指标恢复到正常水平需要花费的时间。在他们的研究中,经济指标的正常水平是指相对于"危机期(crisis periods)"的"平静期(tranquil periods)"中经济指标的平均水平,平静期则定义为排除危机爆发前后 24 个月之外的其他时期。表 2.2 列出了银行危机爆发后,重要的经济指标恢复到正常水平需要的时间,表中括号里还注明了在危机后指标是高于还是低于正常水平。从表中的数字我们可以看到,在金融体系遭遇冲击后,大部分的经济指标需要 12 个月以上才能恢复到正常水平。

表 2.2　金融危机后经济指标恢复正常水平所需要的时间

指　标	恢复正常所需时间(月)
银行存款	30(低)
国内信贷/GDP	15(高)
出口	20(低)
超额 M_1 余额	9(高)
进口	29(低)
M_2 乘数	7(高)
M_2/国际储备	15(高)
总产出	18(低)
实际汇率	8(低—高估)
实际利率	15(高)
实际利差	15(高)
股票价格	30(低)
进出口比价	4(低)

数据来源:Goldstein 等(2000)。

金融危机通常会导致大量企业和金融机构的巨额亏损,甚至倒闭、破产,为了减少危机对经济体系产生的冲击,政府通常会对企业和金融机构采取紧急援助,并为市场提供流动性。Goldstein 等(2000)指出,在 1980 年至 1995 年之间至少有 65 个发展中国家发生过金融体系的资本接近枯竭的情况,在此期间公共部门紧急援助的成本高达 2500 亿美元。Kaminsky 和 Reinhart(1998)统计了上世纪拉丁美洲和东亚以及其他地区爆发的金融危机中政府的救助成本占GDP 的比重,如表 2.3 所示。在 2007—2008 年爆发的全球金融危机中,各国政府也投入了巨额的救市资金。2008 年 10 月美国政府推出了高达 7000 亿美元的经济刺激计划。截至 2009 年 2 月,美国政府的救市成本,已经相当于其 2008

年 GDP 的 2/3。

表 2.3　金融危机中政府救助成本占 GDP 的比重(%)

时期	拉丁美洲	东亚	其他
1970—1994 年	21.6	2.8	7.3
1995—1997 年	8.3	15.0	——

数据来源：Kaminsky 和 Reinhart(1998)。

　　鉴于股市危机对金融体系以及整个经济体系有极大的破坏性,危机后需要经历漫长的经济复苏过程,花费巨额的经济社会成本,建立股市安全的预警体系和应急措施有着重要的现实意义。股市安全预警系统通过指标体系解释和评价股市安全状态,从而能够揭示股市安全的内在发展机制、成因背景、表现方式、演变过程及预控措施。股市安全预警系统有利于对股市危机的早期征兆进行预测,并在应急处理机制的配合下,能够促使金融监管者、政策制定者在有限的认知能力和行为能力条件下,去把握未来的风险与管理决策,促进金融市场的稳定与健康发展。

3 股票市场安全机制分析

　　根据第二章的分析,我们认为股票市场安全是一种股票市场运行与发展不受内外各种根本性威胁和侵害的状态,为了达到这种状态需要凭借各种手段把风险控制在可能引致危机的临界状态以下,确保正常的股票市场功能和秩序。股票市场的运行和发展是一个复杂的系统,受到多重因素的共同作用。我们将这些因素总结为四个方面:第一是宏观经济,宏观经济的变化决定了股票市场的基本价值,因此当宏观经济出现失衡时,会直接引发股票市场的波动,宏观经济中的关键变量,例如经济增长、货币供应、汇率、利率等与股票价格都可能存在显著的联系;第二是制度因素,股票市场的制度安排和制度变迁深刻地影响着股票市场的安全状态,制度缺失、制度不规范是引发股市危机的重要原因;第三是国外股票市场的传染和冲击,即使一国的经济和金融情况运行良好,在全球经济一体化的背景下,股票市场的价格也会因国际市场的冲击而发生波动;第四是投资者心理和预期,股市危机发生之前的股价泡沫膨胀多来源于投资者的过度乐观以及从众行为,而股市的崩盘与投资者的恐慌有着直接的关系。本章将分析以上四个因素与股票市场运行的相关性,论证股票市场安全运行的机制和原理。从研究方法上,对于宏观经济、国际股票市场冲击对股市安全性的影响我们将主要用实证研究的方法来进行分析;而对于难以量化的市场制度和投资者心理及预期,我们将以理论演绎的方式揭示这些因素与股市安全之间的联系。

3.1 宏观经济与股市安全运行的相关性

　　经济学家们普遍认为经济增长对金融市场有着积极促进的作用。Ritter (2005)研究表明经济增长会吸引新投资和再投资,从而促进股票市场有更好的表现。反之，当宏观经济失衡，爆发经济危机时，股票市场也很可能遭遇冲击。一直以来，学者们做了大量的研究，使用各种计量方法和样本数据，试图找到宏观指标与股票市场收益之间的关系，但到目前为止还没有一个统一的结论。一种观点认为股票市场的表现与宏观指标无关，而是投资者非理性行为或投机泡沫的结果（Shiller，2000）。更多的人则认为宏观指标影响股票市场的表现。Wongbangpo 和 Sharma（2002）的研究证实宏观指标与股票市场有关系，但不明朗。而其他的研究表明股票市场收益与宏观指标（诸如 GDP、CPI、货币供应量、汇率、失业率等）之间存在着双向因果关系。本节将首先总结宏观经济与股市关系的相关文献，然后从理论角度描述宏观经济与股市安全运行的关系，最后采用 VAR 的方法，以 2005 年 6 月到 2008 年 12 月①为样本区间，研究在此轮股票市场大幅上涨，随之大幅下跌的过程中，GDP、货币供应量、利率、汇率等宏观指标是否对上证综合指数产生了冲击。

3.1.1 文献回顾

西方经济学界做了大量关于宏观经济与金融市场关系的研究，特别是宏观经济与股票市场，其中代理假设理论是最经典的理论之一。Fama 和 Schwert（1977）提出的代理假设理论表明实体经济与通胀成正相关，与股市成负相关。而 Fama（1981）则认为实体经济与通胀成负相关，通胀与股市成负相关，因此实体经济与股市成正相关。也就是说实体经济活动的增加导致通货膨胀率的下降，从而促使股票价格的上升。

从实证结果来看，学者们更是有着不同的结论。Gjerde（1999）采用 VAR 模型研究加拿大、澳大利亚、瑞典和挪威四个国家的样本数据，得出实体经济与股市正相关，而原油价格与股市负相关，并且股市对于 GDP 的反应是滞后的。Merikas 和 Merika（2006）以德国 1960 年到 2000 年为样本，选取出口增长率、就业增长率、投资、工业生产值和零售量作为宏观变量，检验它们与股市之间的关系，结论表明凡是与通货膨胀率负相关的指标和股票价格也是负相关。

国外学者的研究结论基于不同的样本和研究方法，并且建立在相对完善发达的金融市场上，与我国的实际情况有较大差别，参考意义有限。国内学者在

---

① 中国股市从 2005 年 6 月开始以强劲的姿态上扬，在随后的时间里一路攀升，步伐不断加快。上证指数在 2007 年短短的 3 个月时间内从 4600 点突破 6000 点大关，一度于 2007 年 10 月达到 6124.04 点的历史最高。之后，股市开始震荡下挫，在短短一年不到的时间里，上证指数从历史高点下跌到 1728.79 点，跌幅达到 72%。

这方面也做了大量的实证研究。宏观经济方面,赵志君(2000)分析发现我国股票市值与 GNP 的比值和 GNP 的增长率之间严重负相关。而石建民(2001)的研究发现我国股票市值与 GNP 正相关,但相关系数很小。货币供应量方面,钱小安(1998)利用静态回归和方差分解的方法,研究了货币供应量与股票价格之间的相关性,发现上证指数、深圳综指与 M_0 同向变化,与 M_1 无关,与 M_2 反向变化。陈健、陈昭(2007)采用 1998 年 5 月至 2006 年 6 月的 M_0、M_1、M_2、银行间同业拆借利率数据,利用 VAR 模型、脉冲响应函数和方差分解技术来分析股市价格与货币供应量之间的关系。他们的研究结果表明三个层次的货币供应量中,M_2 冲击发生作用的时间短,冲击强度大,但对股价长期影响较小,在短期内可以解释大部分的股价波动。而同业拆借利率比任何一层次的货币供应量对股价的冲击都要强,累积影响也更深。利率方面,屠孝敏(2005)分析探讨了利率调整对中国股票市场的长短期效应。结果表明,就短期效应而言,股票价格与利率负相关,就长期效应而言,股票价格由利率和公司业绩的变动方向和幅度共同决定。汇率方面,舒家先、谢远涛(2008)利用基于广义误差分布的多因素 TGARCH 模型,实证分析了 2005 年 7 月 21 日汇改后人民币汇率与中国股市收益的动态关系。结果显示,人民币汇率对股市收益有显著的价格扩散效应,汇率的上升会引起上证指数收益率较大幅度的上升,且股市收益波动存在着显著的 ARCH 效应和 GARCH 效应。

3.1.2　宏观经济与股市运行的理论描述

关于货币供应量、利率、汇率等宏观变量影响股市的理论传导途径,学界普遍观点可以用图 3.1 表示出来。

货币供应量对股市价格的影响一般认为有三种传导机制,分别是预期效应、投资组合效应和股票内在价值增长效应(陈健、陈昭,2007)。

(1)预期效应:是当央行准备实施扩张的或紧缩的货币政策时,会影响市场参与者对未来货币市场的预期,从而改变股市的资金供应量,影响股票市场的价格和成交量。

(2)投资组合效应:当央行实施宽松的货币政策时,人们所持有的货币增加,单位货币的边际效用递减,在其他条件不变的情况下,人们持有的货币会超出日常交易的需求,从而促使部分货币进入股市获取高收益,导致股市价格的上涨。

(3)股票内在价值增长效应:货币供应量增加,市场利率将下降,投资将增加,经过乘数放大效应后,导致股票投资收益提高,从而刺激股市价格上涨。鉴

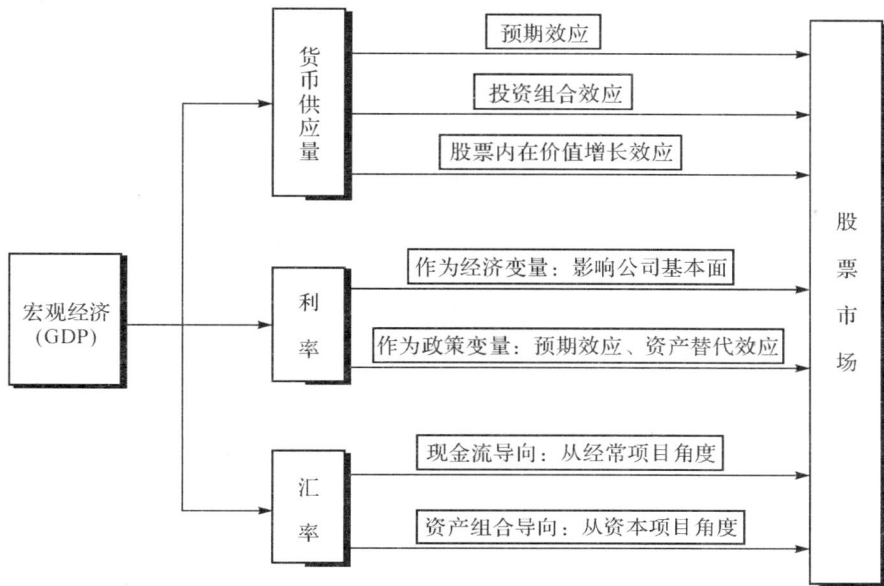

图 3.1   主要宏观变量影响股市的传导机制

于上述三种效应都是正向的,所以我们一般认为货币供应量的增加,会引起股市价格的上涨。

利率既是一个经济内生变量,又是一个政策变量。作为经济变量,利率的变化将引起宏观经济环境、公司经营业绩等因素的变动,从而对股市价格产生多重影响。而作为政策变量,利率的变化将改变投资者对于当局政策的预期,从而对股市价格产生影响。例如,托宾的资产选择理论认为利率会通过替代效应和财富积累效应影响股价,即利率下降,公众更多地选择收益较高的股票,从而导致股价上升。

汇率与股市之间的关系大致可以分为两类。第一类是现金流导向模型:该模型从国际贸易平衡的视角强调经常项目对股市收益的影响,认为汇率变化会影响企业的国际竞争力,改变企业的进出口与收入水平,进而影响该公司的股价;第二类是资产组合导向模型:该模型从国际资本流动的视角研究了股票收益与汇率变化的动态关系,强调资本项目对股市收益的影响,认为预期汇率变化会引起投资者调整其资产组合(如持有预期币值上升货币计价的证券),从而导致资本国际流动,改变资产供求关系,影响资产价格。

3.1.3　实证研究

一、数据描述

本节中,我们选取上证综合指数[①]的月度数据代表股市价格,以每月所有交易日收盘指数的平均值作为月度指数,比每月末的收盘指数更平稳。宏观经济情况以国内生产总值 GDP 表示。由于 GDP 只有季度数据,所以我们通过频率转换将其化为月度数据。货币供应量和利率的调整,是我国宏观调控的两大利器。鉴于众多学者研究表明在 M_0、M_1、M_2 三个层次的货币供应量中,M_2 作为央行调控股票市场的中介目标和操作目标,对股市在短期内有着较强的冲击,所以此处我们选取 M_2 代表货币供应量。由于银行间同业拆借利率的交易对象是商业银行,而不是普通投资者,并且该利率的变动与银行存款准备金的调整有关,在整个利率结构中具有传导作用,对央行的政策调整更为敏感,故我们选取银行间同业拆借利率月度数据作为利率指标。已有文献和中国的经济现实都表明,由于人民币升值及升值预期,大量国际游资涌入中国资本市场,是促使证券资产价格上升的原因之一,因此我们选取人民币兑美元汇率基准汇价(采用间接标价法)代表汇率。

在建立 VAR 模型之前,我们先定义变量如下:

INDEX:上证综合指数月平均值;

GDP:国内生产总值月度值;

M_2:广义货币供应量月度值;

INTEREST:银行间同业拆借利率月度值;

EX:人民币兑美元汇率基准汇价月度值。

为了使数据更平稳,减弱或消除异方差效应,我们对变量进行取对数处理。具体的变量描述见表 3.1。

受股权分置改革以及中国经济持续走好等众多因素的影响,中国股市从 2005 年 6 月开始以强劲的姿态上扬,在随后的时间里一路攀升,步伐不断加快。面对中国经济由平稳增长转向过热的压力,央行多次采取紧缩的货币政策进行宏观调控,数次提高基准利率及存款准备金率,并且在债券市场上大量回笼货币。面对央行的大力调控,中国股市并没有如央行预期做出反应,中途虽时有

---

　①　深圳成分指数或综合指数与上证综合指数的变化趋势基本一致,而上证综合指数对股票价格变化的代表性更强,因此选择上证综合指数作为中国股价的代表。

振荡,但整体依然呈强劲上扬态势。上证指数更是在 2007 年短短的 3 个月时间内从 4600 点突破 6000 点大关,一度于 2007 年 10 月达到 6124.04 点的历史最高。之后,股市开始震荡下挫,在短短一年不到的时间里,上证指数从历史高点下跌到 1728.79 点,跌幅达到 72%。尽管全球都处在金融危机的笼罩之下,但放眼全球证券市场,无论是下跌深度还是下跌速度上,中国股市这一轮下走势实属罕见。

表 3.1 上证综指及各宏观变量描述

	lnINDEX	lnEX	lnINTEREST	lnGDP	lnM$_2$
均值	7.745320	2.025220	0.894705	9.909842	12.79680
中位数	7.679757	2.045652	0.900161	9.895786	12.80520
最大值	8.669763	2.113420	1.558145	10.35624	13.07142
最小值	6.949066	1.919610	0.392042	9.552054	12.52738
标准差	0.541176	0.063403	0.311286	0.221881	0.163135
样本数	43	43	43	43	43

注:lnINDEX＝Log of stock index,lnEX＝Log of exchange rate,lnINTEREST＝Log of interest rate,lnGDP＝Log of GDP,lnM$_2$＝ Log of M$_2$。

从图 3.2 中我们可以看到,在上证综指到达顶峰之前,上证指数、利率和 GDP 均呈上升趋势;而在过了顶峰之后,上证指数和利率呈下跌趋势,而 GDP 继续上扬。与此同时,汇率和货币供应量由于变化速度较慢,趋势不明显。

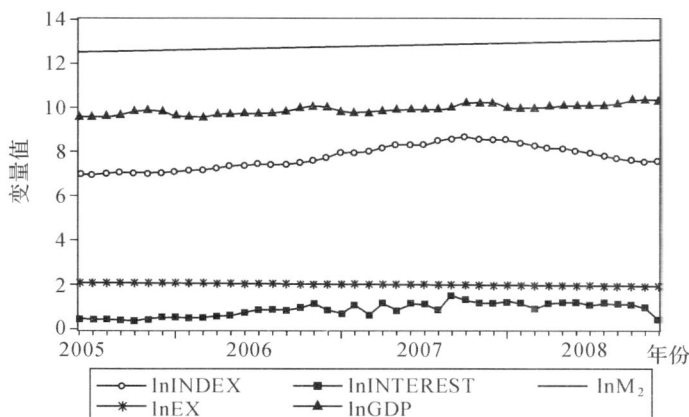

图 3.2 上证综指与宏观变量趋势图

二、平稳性与协整检验

在使用 VAR 模型之前,我们首先要检验各变量是否平稳,是否存在协整关系。为了确定各变量的协整阶数,我们采用 ADF 检验。在检验项(C,T,L)中,C 表示常数项,T 表示时间趋势项,L 表示滞后阶数,最优滞后阶数由 SIC 值确定。ADF 检验结果见表 3.2。从表 3.2 中我们可以看到,各个序列及该组数据都是非平稳的,而进行一阶差分处理后的序列均平稳,即各个序列都是一阶平稳的。

表 3.2　ADF 检验结果

	lnINDEX	lnEX	lnINTEREST	lnGDP	lnM$_2$
原始数据					
(C,T,L)	(1,1,0)	(1,1,1)	(1,0,1)	(0,1,3)	(1,1,0)
t-检验	-0.82	-2.85	-1.76	-0.47	-2.2
可信度	0.9997	0.1897	0.3954	0.8857	0.4795
一阶差分					
(C,T,L)	(1,1,0)	(1,1,0)	(1,0,0)	(0,1,3)	(1,1,0)
t-检验	-4.3^{***}	-5.11^{***}	-10.26^{***}	-3.14^{**}	-5.78^{***}
可信度	0.0077	0.0008	0.0000	0.0319	0.0001

注:*、**、*** 分别表示 10％,5％,1％ 三个置信水平的临界值。

表 3.3 显示的是 Johansen-Juselius 协整检验的结果。在检验之前我们必须先判断协整方程是否存在截距项和时间趋势项。此处,我们考虑方程中有截距项和时间趋势项。迹检验的结果显示,在 0.05 的置信水平内,存在 5 个协整方程,也就是说这些序列时间存在协整关系。

表 3.3　Johansen-Juselius 协整检验结果

原假设（协整方程的个数）	特征值	t-检验值	0.05 置信水平下的临界值	可信度
无*	0.624952	109.5590	79.34145	0.0001
至少 1*	0.450605	69.35026	55.24578	0.0018
至少 2*	0.360364	44.79385	35.01090	0.0034
至少 3*	0.329529	26.47274	18.39771	0.0030
至少 4*	0.218001	10.08198	3.841466	0.0015

注:* 表示在 5％ 置信水平内拒绝原假设。

三、VAR 模型与结果

Johansen 协整检验表明各变量之间存在协整关系。因此,我们在 VAR 模型中必须考虑误差修正项。于是,该模型转换成为一个矢量误差修正模型(VECM),可以看做是受限制的 VAR 模型。根据 Schwarz 标准,我们选择模型的滞后阶数为 1。模型结果见表 3.4。从表 3.4 中我们可以看到,各变量之间的长期关系并不显著。

表 3.4　矢量误差修正模型(VECM)

	自变量				
	$D(\ln INDEX(-1))$	$D(\ln EX(-1))$	$D(\ln INTEREST(-1))$	$D(\ln GDP(-1))$	$D(\ln M_2(-1))$
误差修正项	0.145962	-6.038649	0.097462	0.248900	2.127068
	(0.85855)	(-1.68424)	(1.08116)	(1.40656)	(1.05452)

注:因变量:$D(\ln INDEX)$;D 是差分符号;t 检验值在括号中注明。

脉冲响应函数能分析当一个误差项发生变化,或者说模型受到某种冲击时对系统的动态影响,脉冲响应函数能够明显地捕捉到冲击的效果,所以同用于计量经济模型的冲击乘数分析是类似的。图 3.3 显示的是上证综合指数对各宏观变量的脉冲响应。图中我们可以看到,汇率、GDP 和 M_2 对上证指数有正向影响,而利率则对上证指数有负向影响。

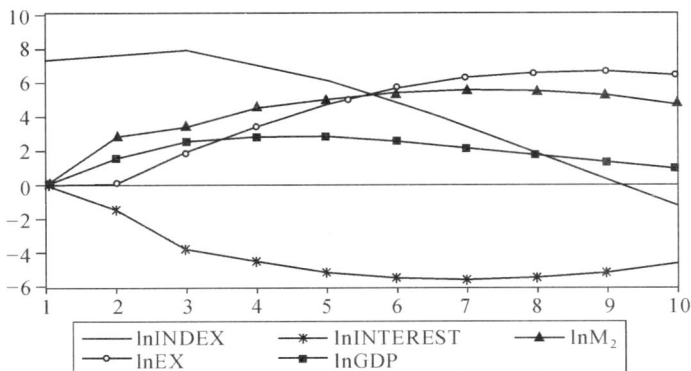

图 3.3　宏观变量对 lnINDEX 的脉冲响应图(采用 Cholesky 因子的逆来正交化脉冲)

脉冲响应函数描述的是 VEC 中的一个内生变量的冲击给其他内生变量所带来的影响,而方差分解是把内生变量中的变化分解为对 VEC 的分量冲击。因此,方差分解给出对 VEC 中的变量产生影响的每个随机扰动的相对重要性的信息。图 3.4 显示了 lnINDEX 的方差分解图。从图中我们可以看出,在最初的 5 个周期内，上证指数受到自身的影响最大。而随着时间的推移，汇率和 M_2 的解释能力变得更为有力。

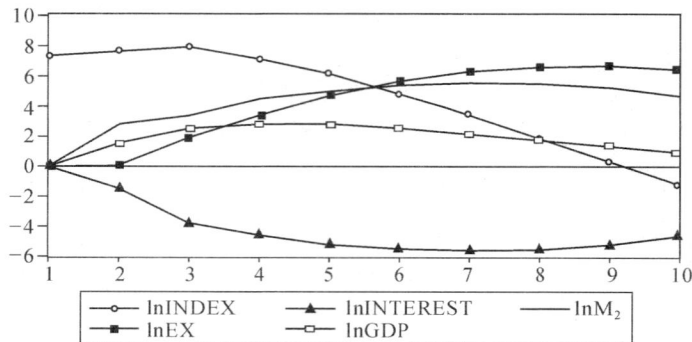

图 3.4　lnINDEX 的方差分解图

我们以 2005 年 6 月至 2008 年 10 月上证综合指数为样本，选取 GDP、货币供应量、利率和汇率作为宏观指标，建立了 VAR 模型。结果显示汇率、利率、GDP 和货币供应量（M_2）与上证综合指数之间存在着长期均衡关系。其中汇率、货币供应量（M_2）和 GDP 与指数成正相关，而利率与指数成负相关。在短期内，指数受到自身影响最大，而随着时间的推移，汇率和货币供应量的解释能力有较大增强。这也表明随着我国股票市场的进一步改革和开放，宏观指标与股市指数之间将会建立起较为稳定的关系。因此，宏观指标将渐渐成为影响我国股票市场的重要力量之一。

3.2　市场制度与股市安全

我国的股票市场具有新兴加转轨的特征，市场制度不完善、不成熟通常被学术界以及市场投资者认为是造成股市不稳定、不安全的主要原因之一。例如，在分析 2007—2008 年中国股市的巨幅下跌的原因时，学者们指出大小非减持后的流通制度、上市公司红利政策不可预期、交易税费过高等都暴露了我国股票市场的制度缺陷（如陈道富，2008；华民，2008）。投资者更是将投资亏损和股票下跌的主要原因归结为市场调控和监管制度问题。东方财富网联合央视《经济半小时》进行的联合股市调查显示，82721 名被调查者在回答"如果您股票投资亏损的话，您认为您亏损的原因是什么？"时，85.28％认为是"中国 A 股市场调控及监管问题"（6.04％的投资者认为是"炒股技术不熟练"；8.69％的投资者认为是"对宏观经济和个股的基本面研究不透彻");79800 名被调查者在回答"您认为 A 股下跌的主要原因是什么?"时,86.60% 的被调查者认为是"中国 A 股市场调控及监管问题"(2.30% 认为是"外围金融市场动荡";2.00% 认为是"油价持续攀高";9.10% 认为是"中国经济前景不明朗")。毋庸置疑,对于正在成长的中国股市而言,规范的、有效的市场制度是保证股票市场安全运行的前提条件。

我国的股票市场从建立之初就背负了促进国有企业改革的任务,因而最初的制度设计一直是围绕如何帮助国有企业摆脱负担、转换机制,这种深刻的"转轨期"烙印持续影响着我国股票市场的发展,使股票市场成为"政策市"、"消息市"。在这样的制度背景下,普通投资者的交易策略只能选择以追逐买卖利差为目标的短期投资,市场缺乏长期投资的信心与信念,导致市场频繁陷于过度波动的状态。此外,由于制度缺陷引发的市场操纵也给市场的安全性带来了极大的威胁。

中国股市的制度缺陷一直是研究者关注的焦点。张宗新等(2001)指出中国证券市场存在着"三重制度缺陷",即结构性缺陷、体制性缺陷和功能性缺陷。结构性缺陷主要是指股票市场和债券市场发展的非均衡,股票市场内部缺乏有效统一的市场体系等。体制性缺陷是指证券市场呈现管理性低水平均衡下的金融资源逆配置,国有企业"父爱主义"向上市公司的移植,以及证券市场行政化监督对市场运行的扭曲。制度性缺陷是指证券市场基本功能的缺失,社会资源的帕累托改进无法得到有效实现;上市公司仅仅形成了公司制的"外壳",而没有形成公司制的实质和内涵。解决"三重制度缺陷"的出路在于按照市场性、效率性和竞争性的原则进行证券市场的制度创新。华民(2008)指出,中国股票市场的制度缺陷反映在外部特征上可以概括为以下两点:第一,上市公司基本上没有红利政策,回报投资者的收益远低于公司发行股票的资本所得,从而使得上市公司的融资行为蜕变成一种可耻的圈钱行为;第二,市场的交易费用过高,政府从市场交易中获取的印花税税收居然要高于上市公司向股东分配的红利。在上市公司低成本圈钱和高额征税的双重挤压下,股票市场会走向衰退。董登新(2009)认为中国股票暴升暴跌的根本原因是中国股票的系列制度缺陷与"政策市"系列负面效应的叠加。具体而言,中国股票暴升暴跌的制度缺陷包括四大层面:第一,公司债缺位,债市失去定价基础和投资信心;第二,缺乏做空机制,股票单边做多更加急功近利;第三,退市制度形同虚设;第四,资本所得税缺位,怂恿短期炒作。

　　我们认为,我国股票市场的制度缺陷导致个人投资者追逐短期投机利益和机构投资者的市场操纵,进一步对股票市场的稳定发展和安全运行造成负面影响。具体而言包括以下几个方面:

　　第一,股票市场功能定位不合理和政策因素的多变使投资者无法进行长期投资决策,只能转向追求短期性的投机收益;而上市公司普遍实行零股息或低股息政策,即使能够分红派息,金额也十分有限,因而买卖差价几乎是投资回报的唯一来源,这种单一化的收益渠道也必然导致交易者行为的短期化特征。耶鲁大学的 Shiller 曾经用股指与红利之间的关系来验证股票市场是否准确评价上市公司的未来价值。按照该方法,王雁茜(2004)用 1993—2002 年的历史数据对中国股票市场进行检验,结果发现,股票指数同红利之间非正相关,甚至表现为一定程度的负相关(见表3.5),并未反映出成熟股市"股利增加股价上升,股利减少股价下降"的市场效应。也就是说,股票价格并不能有效反映上市公司的价值。从近年来的数据来看,红利与股价之间的关系背离的情况更为严重。例如,以上证综合指数的年初和年末收盘价格计算,2007 年上证综合指数的累计涨幅达到 94%,2008 年的累计跌幅为 65%,然而,2008 年上市公司的红利情况无论从红利总额,还是平均每股红利上都好于 2007 年(见表3.6)。

表 3.5　股价指数与上市公司分配状况表

年份	1993	1994	1995	1996	1997	1998	1999	2000	2001	2002
上证指数	833.8	647.9	555.3	917.0	1194.1	1146.7	1366.6	2073.5	1646.0	1357.7
增长率(%)	6.84	22.29	−14.29	65.15	30.22	−3.97	19.18	51.73	−20.62	−17.52
有股利分配公司数	143	265	254	352	360	361	370	697	719	690
占全部公司比率(%)	77.87	90.94	78.51	66.33	48.45	42.48	38.97	64.41	62.31	56.42

数据来源:根据《中国证券期货统计年鉴》(2002)及《中国证券报》的相关资料计算得出。

表 3.6　沪市上市公司 2007 与 2008 年红利分配情况比较

项　目	2007 年	2008 年
发放现金红利公司家数	437	443
代发现金红利的股本数(万)	63 497 822.52	39 298 407.03
代发现金红利总金额(万元)	4 372 326.63	5 919 727.87
平均每股分红(元)	0.07	0.15

资料来源:《中国证券登记结算统计年鉴》(2008)。

第二,中国股市对投资者资格和资金进入的限制性规定导致市场资金来源的不稳定,造就了有利于操纵的市场主体结构。长期以来,国内股市对个人投资者的市场准入基本不加限制,但对机构投资者进入股票市场一直有比较严格的限制性规定,所以机构投资者的数量一直较少。即使最近几年来,投资基金的规模不断扩大,但是私募基金等机构投资者的形式还处于监管的灰色地带。另外,由于融资约束,市场中一直存在着众所周知的大量来自银行和上市公司的所谓"违规资金"现象。这些资金的存在一方面为机构投资者提供资金来源,扩大了机构投资者实际拥有的资金规模;另一方面,由于这些资金存在着到期必须返还以及可能面对处罚的风险,结果使得这些资金只是部分具有机构投资者资金运作的特点,但比正常的机构投资者资金更具投机性。

在这样一种制度背景下,中国股市缺乏长期、稳定的资金来源。其表现是,在市场高涨时,大量资金涌入股市,市场流动性泛滥,推动股市泡沫的不断膨胀;当市场出现崩盘时,短期的逐利资金必然发生恐慌性撤出,使股市陷入长期低迷。此外,中国股市形成了一种非竞争性的市场结构:少数的机构投资者控制着大量的市场运作资金。具体地说,从开户数量上看,2008年自然人投资者A股累计开户数占99.53%,机构投资者占0.47%;但从资金控制量上,整体上,2008年包括证券投资基金、全国社保基金、QFII、保险公司、企业年金、证券公司、一般机构在内的各类机构投资者持有的已上市A股流通市值占比为54.62%(中国证券登记结算统计年鉴,2008年)。另外,由于中国股市中的个人投资者大多数是兼职的,专门从事证券投资的个人投资者的比重较少,因而个人投资者群体中的大多数并不具备应有的理解与分析市场信息的能力;再加上公开信息尤其是上市公司信息的质量较低,结果就必然是个人投资者中的大多数人实际是噪声交易者。也就是说,数量虽少但控制着较大比重市场资金的机构投资者所面对的大多是噪声交易者。在市场监管制度尚不够完善、监管效率不高的情况下,以买卖差价为收益目标的机构就易倾向于进行市场操纵。

第三,中国股票流通市场交易产品的特殊结构降低了机构投资者进行市场操纵的成本。在中国证券交易市场上,无论交易产品的总量还是结构都存在一些"特色"。从交易产品的总量看,在相当长一段时期内(特别是2000年以前),一方面是由证券发行的政府计划控制和企业资金短缺而急需筹资所导致的上市公司股票相对稀缺,另一方面是居民投资渠道狭窄、投资工具较少所造成的旺盛的股票投资需求。在此背景下,合法资金和各种违规资金基本上都在源源不断地流向股市。这些不断注入的资金一方面增加了机构投资者的市场影响力，另一方面也使整体上处于亏损状态的个人投机者群体不会因为部分人的退出而消失，从而客观上为市场操纵者提供了一个始终存在和增长着的赢利对象"库"。

第四，不完善的信息披露制度和相对低效的监管和处罚机制为操纵者通过控制各种信息源和信息渠道诱导其他交易者提供了市场机会和空间。中国股市不完善的信息披露制度所导致的上市公司公开信息质量之低下基本上已是不争的事实。这种现象的出现是与相对低效的监管和处罚机制密不可分的。深交所2002年的一份研究报告（0054号）指出，从1993年到2001年间，受到查处的上市公司信息披露违规行为次数的增长速度远远高于上市公司总量的增长速度。这表明，监管部门对上市公司信息披露违规行为的处罚并未起到增加违规成本和防止再犯的效果。

低效的信息披露及监管机制导致市场上信息的不完全和分布状态的严重不对称，从而为机构投资者通过控制各种信息源和信息渠道诱导其他交易者提供了市场机会和空间。意图操纵市场的机构投资者往往与上市公司和证券分析师（或新闻媒体）相互勾结，通过推出大比例送配方案、通过关联交易使公司获得一次性收益、帮助上市公司做信息混淆的公告、制造题材等方式，在"恰当的"时间发布有关股票基本面的不利消息或改善消息（这些消息并不代表着股票基本面的真正不利或改善），来进行基于信息的市场操纵。中国股市中经常出现的"机构先借利空进货，然后透支炒作，最后借利好出货"的现象，就是这种基于信息的市场操纵的明显例证。

第五，频繁变更的监管力度在一定程度上不仅未能减少机构的市场操纵，反而可能维护了机构操纵行为。我们知道，在操纵者与噪声交易者的博弈中，为了获得超额利益，操纵者必须找到在散户心目中价值被低估的股票来持有和进行操纵，具体的策略通常是：先凭借资金实力持有一定量的某只股票，然后通过改变该股票的基本面或技术面信息，使股价上升，诱导其他投资跟风交易，并在适当时机配合适当消息卖出持有的股票，获取差价收益（亿安科技操纵案就是一个典型的例子）。显然，在这一过程中，外部监管越严格、力度越大，市场囤积或市场逼空行为越容易被发现，通过发布虚假信息或传播谣言来散布虚假改善信息的行为所需要支付的成本也越高，结果是操纵者超额收益的期望值空间缩小。由此可见，加大监管力度有助于抑制市场操纵。但是，在监管力度不断发生变动的情况下,机构能够支付足够的调研费用,以了解监管力度的信息。此外,机构投资者还往往能够亲身感受到监管力度的大小。相比之下,个体投资者则不具备这些条件,所以对监管力度的认识和把握能力要明显弱于机构投资者。因此,在监管力度不稳定的情况下,机构投资者较为了解市场操纵行为需要支付的成本,而个体投资者则难以对此形成准确的预期和判断。这种不对称性无疑将使博弈均衡更有利于操纵者。在中国股市近年来对股价操纵的监管和处罚力度总体趋势不断加大的情况下,屡屡爆出性质日趋严重的股价操纵事件,也从侧面说明了时紧时松的监管力度是不利于抑制市场操纵的。

3.3 股票市场国际传染对股市安全的影响

金融市场的历史数据显示,即使各国的股票市场有不同的规模、结构和地理位置,股票市场也呈现出高度的同向运动趋势。例如,1987 年美国股市的崩盘迅速影响了其他国家的股票市场;1994 年 12 月,墨西哥的金融危机也很快在主要的拉美市场中反映出来;1997 年 10 月,中国香港股市跳水,对北美、南美、欧洲和亚洲其他国家的市场产生了冲击。2007 年美国爆发了次贷危机,并演变为席卷全球的国际金融危机,包括美国、欧洲各国以及亚洲各国的股票市场都出现了巨幅的震荡,中国股市更是曾经出现高达 70% 的跌幅,成为全球跌幅最大的股市之一。各国股票市场的风险是具有特异性的,所以这种各国股票市场同向运动的现象表明存在国内冲击向其他各国传导的机制。

长期以来,中国内地股票市场是一个封闭的市场,较少受到国外因素的影响。随着人民币汇率改革、利率市场化、金融市场开放以及加入 WTO 后的自由贸易政策的推进,近年来,中国经济已逐步融入经济全球化的浪潮。虽然至今为止我国的股票市场尚未完全对外开放,但是不可否认的是我国股票市场的国际化程度、市场化程度在不断加深,国外冲击对股市安全性的影响也将越来越显著。

本节将先总结国内外文献对股票市场国际传染的理论研究和实证研究,然后利用股票市场 2006—2009 年的数据,以 GARCH 模型检验美国、中国香港、日本、英国、德国股票市场的冲击对我国内地 A 股股票价格是否存在传染效应。

3.3.1　股票市场国际传染效应的理论与实证研究回顾

一、股票市场国际传染效应的理论研究[①]

金融市场的发展历史揭示了各国股票市场之间存在的同向运动,那么这种同向运动是否就意味着是传染呢?研究者对此还存在较大的争议,有的研究者主张可以将股票价格之间的相关性视为传染,这种传染很可能就是由于存在实体经济之间的联系而产生的;而另一些研究者认为传染是一种超额的相关性,这种相关性超过了我们所能预期到的经济基础之间的相关性(Bekaert,Harvey,Ng,2005)。有关股票市场冲击国际传播的机制有非常多的研究。Claessens,Dornbusch 和 Park(1999)对该领域的研究进行了很好的总结。他们将这个领域的理论分为两个方面,也就是基于或有危机(Crisis-Contingent)的传染理论(简称 CC 理论)和非基于或有危机(Non-Crisis-Contingent)的传染理论(简称 NCC 理论)。CC 理论解释了为什么在危机期间冲击会传导,也就是为什么在冲击之后市场之间的联系会提高。NCC 理论假设传导机制在危机期和稳定期都是一样的,所以跨市场的联系在冲击之后并不会增加。

（一）基于或有危机的传染理论

基于或有危机的传染理论(CC 理论)认为股票市场国际传导包括三种机制:多重均衡、外生流动性和经济政策。第一种机制是多重均衡,当一个国家发生危机时,它对其他国家而言是一个太阳黑子,这时多重均衡就发生了。例如 Masson(1998)的研究显示了一个国家的危机如何影响投资者的预期,使他们对第二个国家的预期从"好"的均衡转变到"坏"的均衡,这样使第二个国家的经济也发生崩溃。Mullainathan(1998)认为投资者对过去的事件有不完全的回忆。一个国家的危机可能会引发投资者对过去危机的记忆,会使投资者重新计算他们的倾向,而且对坏的状态赋予更高的概率。价格向下运动的同向性会发生的原因不是经济基础(fundamentals)的相关性,而是记忆的相关性。在这两个模型里,从"好"的均衡向"坏"的均衡的转变,以及初始冲击的传递都是被投资者预期的改变驱动的,而不是市场之间存在真实的联系。在第一个经济体发生危机后,投资者改变了他们的预期,因此使冲击通过传导机制传播到第二个经济体,而这种传导在稳定期是并不存在的。

[①]　本部分主要参考:Claessens, S., Dornbusch, R., and Park, Y. C. (2000). Contagion:How it spreads and how it canbe stopped? Mimeo. Paper prepared for World Bank/IMF conference:"Financial Contagion:How it Spreads and How it Can Be Stopped?".

CC 理论的第二种机制是内生流动性冲击。Calvo(1999)提出了一个有关投资者信息不对称的模型。有信息的投资者接收到有关一国基础价值的信息，而且受到流动性冲击，这将会迫使他们出售手中的股票。没有信息的投资者不能区分流动性冲击和坏的信号，因此当有信息的交易者作为净出售者时，没有信息的交易者可能会支付一个溢价。

第三个传导机制是经济政策传染。Drazen(1998)研究了 1992 年至 1993 年的欧洲市场，他的模型假设中央银行在政治压力下，不得不保持国家的固定汇率。当一个国家决定放弃盯住政策时，它降低了其他国家同样放弃盯住政策的政策成本，因此很可能使其他国家也改变他们的汇率管制政策。作为结果，汇率危机很可能同时发生，初始冲击的传导通过政策的途径，这种途径在危机之前并不存在。

多重均衡理论是以投资者的心理为基础的；内生流动性冲击导致了资产组合的重新组成；政治经济主要是对汇率管制政策产生影响。危机导致了一种结构变换，所以冲击能够通过某种在稳定时期并不存在的途径传递开来。

（二）非基于或有危机的传染理论

非基于或有危机(Non-Crisis-Contingent)的传染理论(NCC 理论)认为跨市场之间存在的大的或者小的相关性来源于市场之间业已存在的持续联系。这种联系可以认为是一种"真实的联系"，因为这种联系是建立在经济基础之上的。这类理论可以分为 4 种途径：贸易、政治协调(policy coordination)、国家的重新估价(country reevaluation)和随机集聚风险(random aggregate shocks)。

第一个传导机制是贸易，是通过汇率变化来进行的。如果一国降低汇率，那么会对提高产品的国际竞争力起到直接的影响，这个初始的贬值很可能对减少其他国家在第三方市场的出口产生间接的影响。这些效应并不会对一国的销售和产出有直接的影响，但是如果在竞争中的损失足够的大，那么其他国家货币贬值的预期会提高，这就导致了对他国货币的冲击。

第二个传导渠道是政策协调。当一国发生危机时，其他国家对此的反应很可能是采取同样的政策，这就使经济体之间的联系建立起来了。例如，一国降低利率，也会迫使其他国家采用同样的政策。

第三个途径是国家对价值的重新评估或者学习（包括了羊群行为模型和信息瀑布）。该理论认为投资者在一国发生冲击之后会从中吸取教训，并且将这样的启示应用于具有相同宏观经济结构和政策的国家。例如，如果一个国家的银行系统很脆弱，并显示出对货币危机的敏感性，那么投资者就会调整他们对另一个国家银行体系稳健性的评价，并相应调整他们对危机发生可能性的预期。

最后一个传导途径被称为随机集聚或者全球冲击,会同时影响到几个经济体的经济基础。例如,国际利率的上升,国际资本供给的减少,投资者风险偏好的转变,或者国际对某种商品需求的减少都能同时降低几个国际经济增长的速度。这些国家的资产价格受这些集聚起来的冲击的影响,可能会同向运动,或者至少在某种程度上同向,所以在冲击之后,不同国家之间市场的联系会提高。

二、股票市场国际传染的实证研究

即使对股票市场国际传染的发生机制还存在较大的争议,大量的研究关注于用实证方法来检验金融市场危机中的传染效应。Forbes 和 Rigobon(2002)将检验股票价格国际传染的实证方法归纳为四种。第一种方法是最直接的,通常检验两个市场收益率的相关系数在冲击之后是否显著提高。King 和 Wadhwani(1990)检验了 1987 年美国股市崩盘之后美国、英国和日本市场之间相关系数的变化情况,他们发现市场之间的相关系数显著地提高了。Lee 和 Kim(1993)把这个研究扩展到 12 个市场,发现市场收益率之间的平均相关系数从 1987 年之前的 0.23 提高到之后的 0.39。第二种是 GARCH 方法,Chou 等(1994)和 Hamao 等(1990)用这个方法发现在 1987 年美国股市崩盘之后,存在显著的市场之间的波动溢出;Bekaert,Harvey 和 Ng(2005)在 GARCH 框架下,利用两因素资产定价模型,检验了美国以及欧洲、亚洲、拉丁美洲各国股票市场的价格传染效应,他们的研究结果表明墨西哥危机并没有导致各国股票价格之间的传染。第三种方法是协整检验法,该方法通过协整检验和 VAR 模型关注于市场之间是否存在长期的关系,Masih 等(1999)利用 VAR 模型考察了 9 个国家股票价格指数之间的动态因果联系。第四种方法是 Probit 模型,利用一个简化的假设和外生事件去定义一个模型,直接解释传染机制。Baig 和 Goldfajn(1998)研究了 1997—1998 年亚洲金融危机期间一国市场的每日新闻(外生事件)对其他国家市场的影响。他们发现一个国家的新闻会有相当大的比例来影响他的邻国。Eichengreen,Rose 和 Wyplosz(1996),Kaminsky 和 Reinhart(1998)用 Probit 模型检验了一国的危机(外生事件)对其他国家危机发生的概率的影响。从方法论的角度来看,两国股票价格之间相关系数的提高不足以证明传染机制的存在,目前相关系数法很少被采用;协整检验法用于解释股票市场之间的长期动态关系,而金融市场的实践表明冲击的传染很可能是在较短时间内就现实的,例如,2008 年 10 月 9 日美国道琼斯指数暴跌 7.3%,在第二天欧洲、拉美以及亚太地区的股市随即出现了全线暴跌的情况;Probit 模型对于研究特定外生事件(例如资本市场开放、利率变化等)对危机传染的影响有显著的优势；而近年来日渐成熟 GARCH 模型技术能够较好地衡量股票市场之间的动态联系，在危机传染的实证研究上得到了非常广泛地应用。

长期以来，中国股票市场是一个封闭的市场，较少受到国外因素的影响，对股票市场国际传染效应的研究很少将中国股市纳入其中。近年来，随着我国金融市场开放性和市场化程度的提高，国内研究者开始关注于中国股市与周边市场的动态联系。张碧琼（2005）运用多外生性冲击变量的 EGARCH 模型检验纽约、伦敦、东京、香港、上海和深圳股票市场之间日收益波动溢出的流星雨假设，结论是香港、伦敦、纽约的流星雨对上海、深圳市场日收益波动有显著的影响。谷耀、陆丽娜（2006）检验了沪、深和香港股市之间信息溢出效应与动态相关性，模型将香港股市作为影响国内股市的"世界因素"，检验结具表明香港股市对沪、深两市存在显著的溢出效应。

3.3.2　国际市场对我国股票市场传染的实证检验

一、美国股票市场冲击对我国股票市场价格的影响

（一）样本以及中美股票价格的描述性统计

我们用道琼斯工业平均指数作为美国股票市场的代表，用上海综合指数作为中国股票市场的代表，选取了 2006 年 1 月 4 日至 2009 年 3 月 27 日两市的日度数据进行研究[①]。选取这一时段对中美股市的动态联系进行研究的原因有三点：第一，全球经济一体化进程推进，中美之间的经济关系日益紧密；第二，我国股票市场的开放程度和市场化程度明显提升；第三，全球进入信息化时代，投资者能够越来越多、越来越快地接收到各国股市的信息，并可能影响自己的决策行为。这些特点决定了存在美国股市对中国股市传染的途径。2006 年以来美国股市经历了快速上涨，并在遭遇金融危机之后大幅下跌的过程，中国股市也表现出同向运动的特征，对这一时期美国股市对中国股市的传染效应进行检验具有一定的现实意义。

由于两市在休市日上存在一定差异，我们剔除了双方所有的休市日，两市各得到 757 个日度数据，将其作为近似的连续时间序列。表 3.7 显示了以收盘价计算，两个市场指数的基本情况，道琼斯指数的最高收盘点位出现于 2007 年 10 月 9 日，为 14164.93；上证综合指数的最高收盘点位出现于 20C7 年 10 月 16 日，为 6092.6。在样本区间内，两个指数走势的比较如图 3.5 所示。从图形上看，

---

①　数据来源：雅虎财经 http://finance.yahoo.com/

2006 年以来,中美股票指数的走势有一定的趋同性,高峰和下跌出现的区间比较接近。我们将通过进一步实证检验来判断美国股票指数对中国股票指数的影响。

表 3.7 道琼斯指数与上证综合指数基本情况比较(2006—2009)

	最低点位	最高点位	平均点位	标准差
道琼斯指数	6547.05	14164.53	11636	1685.86
上证综合指数	1197.27	6092.06	2911	1326.89

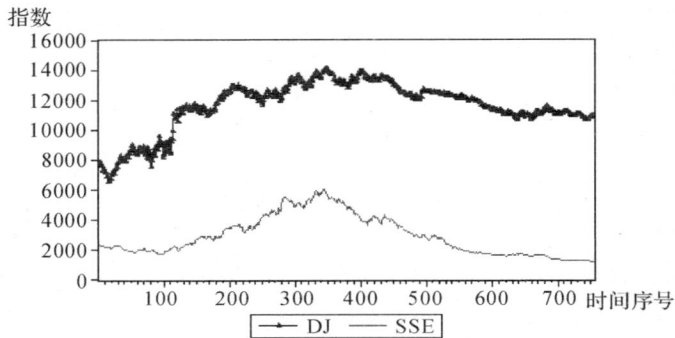

图 3.5 道琼斯指数(DJ)与上证综合指数(SSE)走势比较

(二)计量模型

Bekaert,Harvey 和 Ng(2005)分析股票市场传染机制时提出了一个 CAPM 的两因素模型,该模型在经典的 CAPM 模型中加入了一个国际因素,即一国股票市场的收益取决于两个因素,一个是本地因素,另一个是国际因素。借鉴他们的思路,我们用 GARCH 方法来描述美国股票市场的价格波动情况,再将美国股票市场的"意外冲击"作为我国股票市场的国际因素,考察这个意外冲击对我国股票价格的影响[①]。具体模型如下。

首先,来看美国股票市场的价格波动模型。

$$P_{us,t} = \beta P_{us,t-1} + e_{us,t} \tag{3.1}$$

$$e_{us,t} \mid I_{t-1} \sim n(0, \sigma_{us,t}^2) \tag{3.2}$$

$$\sigma_{us,t}^2 = a + b\sigma_{us,t-1}^2 + ce_{us,t-1}^2 \tag{3.3}$$

---

① 在 Bekaert,Harvey 和 Ng(2005)的模型中,他们用股票的分红来作为本地因素的代表。我们的模型是对 Bekaert,Harvey 和 Ng(2005)模型的一个简化和修正,我们用本地股票市场价格前一日的价格作为本地因素,发现无论是美国股票市场,还是中国股票市场前一日的价格对当期价格都有很强的解释能力。

这里，$P_{us,t}$ 代表美国股票市场在 t 期的价格，$P_{us,t-1}$ 是 $t-1$ 期的价格，$e_{us,t}$ 是市场在 t 期受到的意外冲击。I_{t-1} 包括了时期 $t-1$ 所有可以获得的信息。方差 $\sigma^2_{us,t}$ 服从方程(3.3)所示的 GARCH 过程。

由于时差的原因，中国股市在每日开盘时，能获取美国股市前一天的情况。我们把美国股票市场在前一期受到的意外冲击 $e_{us,t-1}$ 引入当期中国股票市场价格 $P_{ch,t}$ 的方程：

$$P_{ch,t} = \beta_1 P_{ch,t-1} + \beta_2 e_{us,t-1} + e_{ch,t} \tag{3.4}$$

$$e_{ch,t} \Big| I_{t-1} \sim N(0, \sigma^2_{ch,t}) \tag{3.5}$$

$$\sigma^2_{ch,t} = a + b\sigma^2_{ch,t-1} + ce^2_{ch,t-1} \tag{3.6}$$

如方程(3.4)所示，美国股票在前一期受到的意外冲击对中国股票市场当期的影响可以用系数 β_2 来表示。在这个分析框架下，"传染"被定义为美国股票市场的意外冲击对我国股票价格的影响，即 β_2 代表了传染效应的大小。

（三）中美股票市场价格波动的 GARCH 方程

在利用中美股票市场数据进行 GARCH 模型估计之前，首先需要检验数据是否具有 ARCH 效应，以判断 GARCH 模型是否具有可行性。我们将道琼斯指数的每日收盘价格取对数，代表美国股票市场价格 $P_{us,t}$。同样，将上证综合指数的每日收盘价格取对数[①]，代表中国股票市场价格 $P_{us,t}$。研究采用的统计软件是 Eviews5.0。

Engle1982 年提出了检验残差序列中是否存在 ARCH 效应的拉格朗日乘数检验，即 ARCH LM 检验。我们利用最小二乘法对方程(3.1)进行回归，得出的回归结果是：

$$P_{us,t} = 0.999952 P_{us,t-1} + \hat{e}_{us,t} \tag{3.7}$$

对方程(3.7)进行条件异方程的 ARCH LM 检验，当分别选取滞后阶数为 1、2、3 时，都表明回归方程的残差存在 ARCH 效应，因此最小二乘法不再有效，而适合于用 GARCH 模型进行分析。对方程(3.1)和方程(3.3)用 GARCH 模型估计的结果如表 3.8 所示。方程的 R^2 为 0.990。在 99% 的置信水平下，均值方程中 $P_{us,t-1}$ 的系数，以及方差方程中 $e^2_{us,t-1}$、$\sigma^2_{us,t-1}$ 的系数都通过了显著性检验，表明模型的估计结果较为理想。

---

① 由于上证综合指数和深证成分指数有非常高的相关性，因而我们只选取上证综合指数作为我国股票市场的代表。

表 3.8　美国股票市场价格 GARCH 模型结果

	系数	标准差	Z 统计量	概率值（P 值）
均值方程				
$P_{us,t-1}$	1.000049***	0.000034	29077.04	0.0000
方差方程				
a	0.000001***	0.000003	3.444942	0.0006
$\hat{e}^2_{us,t-1}$	0.092545***	0.013942	6.637730	0.0000
$\sigma^2_{us,t-1}$	0.910332***	0.013147	69.24306	0.0000

注：*** 表示在 99% 的置信水平下显著。

根据美国股票市场价格 GARCH 模型的估计结果，我们可以得到方程的残差估计结果——$\hat{e}_{us,t}$，将其作为美国股票市场价格意外冲击。在利用 GARCH 模型分析中国股票市场价格问题之前，我们同样要进行有关残差序列中是否存在 ARCH 效应的拉格朗日乘数检验，以确保 GARCH 模型的适用性。首先利用最小二乘法，对方程（3.4）进行回归，然后再对回归结果进行 ARCH LM 检验。检验结果表明，当滞后阶数分别为 1，2，3 时，该残差序列都存在 ARCH 效应，方程适合于用 GARCH 模型进行估计。

对方程（3.4）和（3.6）运用 GARCH 模型进行估计，得出的结果如表 3.9 所示。从 $e_{us,t-1}$ 的系数来看，例如，美国股票市场如果受到的 1 个单位的意外冲击，将对中国股票市场价格产生 0.243 个单位的冲击。这一结果显示，美国股票市场的意外冲击对中国股票市场价格有显著的传染性。

表 3.9　中国股票市场价格 GARCH 模型结果

	系数	标准差	Z 统计量	概率值（P 值）
均值方程				
$P_{ch,t-1}$	1.000241***	0.000092	10906.05	0.0000
$e_{us,t-1}$	0.242820***	0.054382	4.465096	0.0000
方差方程				
a	0.000005***	0.000002	2.875371	0.0040
$e^2_{ch,t-1}$	0.046246***	0.008798	5.256183	0.0000
$\sigma^2_{ch,t-1}$	0.947581***	0.008906	106.3931	0.0000
R^2：0.997			DW 值：2.100	

注：*** 表示在 99% 的置信水平下显著。

二、其他国家和地区股票市场冲击对我国股票市场价格的影响

按照上文美国股票市场与中国股票市场价格传染效应检验的模型与方法，我们分别检验了香港恒生指数、日本日经指数、英国伦敦 FTSE 指数和德国 DAX 指数受到的冲击对我国 A 股股票价格的影响。选取 2006 年 1 月 4 日至 2009 年 3 月 27 以上四个指数的日度数据，分别替代公式 3.1 中的道琼斯指数，得出这些指数受到意外冲击的估计值，分别为 $e_{hk,t}$（香港恒生指数）、$e_{jp,t}$（日本日经指数）、$e_{uk,t}$（英国 FTSE 指数）和 $e_{ge,t}$（德国 DAX 指数）。在将这些意外冲击在 $t-1$ 期的值代入中国股票市场 t 期的 GARCH 方程，估计意外冲击对中国股票市场的传染效应。在利用 GARCH 模型进行实证分析之前，我们对数据都进行了 ARCH LM 检验，检验结果表明回归方程的残差都存在 ARCH 效应，数据适合于用 GARCH 模型进行分析。

由于篇幅所限，在此我们省略了具体的分析过程，仅将最后检验传染效应的 GARCH 模型的均值方程和方差方程的估计结果列于表 3.10。根据均值方程系数的大小和显著性程度来看，在 99% 的置信水平下，英国、德国股票市场对上证指数有显著的正向传染效应；90% 的置信水平下，中国香港股票市场对上证指数有显著的正向传染效应；日本股票市场对上证指数的传染效应不明显。

表 3.10　GARCH 模型结果

		变量	系数	标准差	Z 统计量	概率值（P 值）
中国香港恒生指数	均值方程	$P_{ch,t-1}$	1.000234***	0.000084	11966.77	0.0000
		$e_{hk,t-1}$	0.063327*	0.034691	1.825450	0.0679
	方差方程	a	0.000003***	0.000001	3.001792	0.0027
		$e_{ch,t-1}^2$	0.053982***	0.009153	5.897481	0.0000
		$\sigma_{ch,t-1}^2$	0.942892***	0.008596	109.6872	0.0000
日本日经指数	均值方程	$P_{ch,t-1}$	1.000231***	0.000085	11754.07	0.0000
		$e_{jp,t-1}$	0.002703	0.041380	0.065310	0.9479
	方差方程	a	0.000003**	0.000001	2.285423	0.0223
		$e_{ch,t-1}^2$	0.055034***	0.009422	5.841304	0.0000
		$\sigma_{ch,t-1}^2$	0.943631***	0.008864	106.4578	0.0000

续表

		变量	系数	标准差	Z 统计量	概率值（P 值）
英国 FTSE 指数	均值方程	$P_{ch,t-1}$	1.000239***	0.000082	12188.20	0.0000
		$e_{uk,t-1}$	0.222393***	0.049868	4.459648	0.0000
	方差方程	a	0.000003***	0.000001	2.957471	0.0031
		$e^2_{ch,t-1}$	0.054441***	0.009325	5.838086	0.0000
		$\sigma^2_{ch,t-1}$	0.942295***	0.008702	108.2841	0.0000
德国 DAX 指数	均值方程	$P_{ch,t-1}$	1.000249***	0.000083	12117.93	0.0000
		$e_{ge,t-1}$	0.168265***	0.045195	3.723127	0.0002
	方差方程	a	0.000003***	0.000001	2.826000	0.0047
		$e^2_{ch,t-1}$	0.054825***	0.009213	5.950717	0.0000
		$\sigma^2_{ch,t-1}$	0.942367***	0.008542	110.3237	0.0000

注：*** 表示在 99% 的置信水平下显著，** 表示在 95% 的置信水平下显著，* 表示在 90% 的置信水平下显著。

实证分析的结果表明，世界主要股票市场指数——美国道琼斯指数、英国伦敦 FTSE 指数和德国 DAX 指数对我国上证 A 股指数都存在非常显著的传染效应。例如，美国股票市场如果受到的 1 个单位的意外冲击，将对中国股票市场价格产生 0.243 个单位的冲击；而英国股市 1 个单位的意外冲击，对中国股市将产生 0.222 个单位的冲击。此外，香港恒生指数对上证 A 股也有一定的传染效应。

随着全球经济一体化进程的推进，中国经济将越来越多地融入世界经济，中国股票市场与国际市场的联系也将日益紧密，这是不可避免的趋势。我国的股票市场具有新兴加转轨的特征，存在制度不完善、投资者缺乏经验等一系列的问题，市场开放程度的不断推进给我国股票市场安全性带来了巨大的挑战。从维护股市安全性的角度来看，需要进一步加强对国际资本的流动的监管，减弱国际资本流动对股票市场产生的冲击。当前条件下，虽然我国尚未开放资本市场，但是通过 QFII 以及其他地下渠道（例如，虚假国际贸易、虚假直接投资）进入中国股市的国际资本已经开始对中国股市产生显著的影响。1997 年亚洲金融危机的经验显示，国际资本通常具有较强的短期性、逐利性，一旦大规模撤出就会引发金融市场剧烈的动荡。监管部门需要从完善现行外汇监控机制，严格控制假出口、假投资等方面加强对国际资本流动的监管和控制。

鉴于国际股票市场对我国股票安全性存在的影响,在本书对股市安全预警体系的研究中,我们将美国等主要国家和地区股票市场的波动纳入安全预警指标,对股票市场在运行过程中可能发生的风险传染进行实时分析和监测。

3.4　投资者心理对股市安全的影响

根据传统的金融学理论,股票价格是对新信息的反应,也就是说只有当股票市场出现重大的利空消息时,股市崩盘才会发生。然而,从金融市场的实际情况来看,即使国内宏观经济、市场制度和国际经济环境都保持平稳运行,股票市场也可能发生崩盘。近年来,大量出现的行为金融学文献开始从投资者心理的角度对股价的波动进行解释。

与传统金融学理论的理性人假定不同,真实金融市场的投资者通常难以做出完全理性的决策。以 Kahanmane 和 Tversky 等为代表的行为金融学家以一系列心理实验为基础,将投资决策看作一个心理认知过程。他们的研究结论表明,在不确定条件下,人的认知过程并非精确的统计分析过程,对信息加工的过程要达到理想的最优化是十分困难的。人在选择过程中受到心理因素影响,会产生认知偏差。当个体的认知偏差在正反馈机制的作用下通过相互模仿、传染而演变为群体性的认知偏差时,就会导致股票价格系统性地偏离理性预期的价格。也就是说,当实体经济并未发生实质性的变化时,股票市场很可能由于投资者心理的原因发生剧烈的波动。例如,当群体性认知偏差对股票价格估价过高时,会带来市场价格泡沫的不断膨胀;而当泡沫破灭后,在过度悲观等认知偏差的影响下,股票价格可能出现严重的负泡沫,使股票价格长期低迷,投票市场的基本功能无法得到有效的发挥。此外,触发泡沫破灭的因素也可能来自投资者心理偏差。Sornette(2005)在总结股票市场崩盘的原因时指出,噪声交易者之间自我强化式的模仿(self-reinforcing imitation)导致他们倾向于在同一时间做出卖出股票的决定,因而触发了股市的崩盘。

投资者心理与股市安全之间的联系可以总结如下:投资者个体认知偏差的存在导致其对股票价格的定价偏差,投资者之间的相互模仿、传染使个体的定价偏差演变为群体性的认知偏差,群体性的认知偏差引发股票价格偏离理性水平,从而影响股票市场的稳定运行。

图 3.6 显示了在金融市场反馈作用机制下,一个典型的股市周期中认知偏

差与股市不稳定性的关系。在股价最初开始上涨时,由于媒体渲染、投资者过度自信等催化剂促使下,股票价格逐步偏离内在价值,价格泡沫逐步放大。当价格偏离到一定程度,投资需求停止,投机性泡沫开始破灭,受投资者反应过度、保守性偏差等认知偏差影响和机构停损机制的推动,股价持续下跌,直到负泡沫破灭后,股市恢复新一轮的稳定状态。

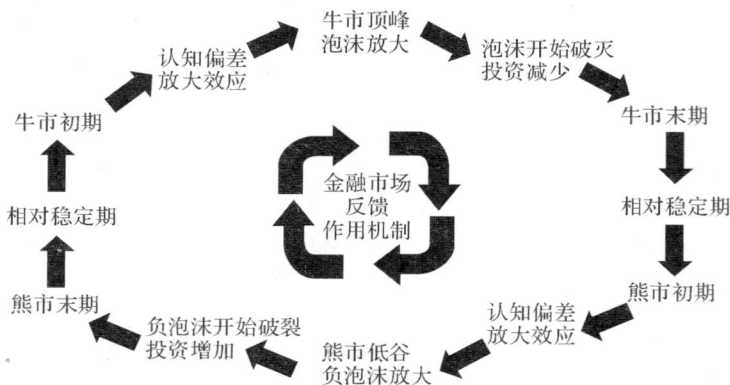

图 3.6 认知偏差与金融市场的不稳定

一、股票市场中的个体认知偏差

根据心理学基本原理,投资者决策过程主要有四个步骤:信息获取、信息加工、信息输出和信息反馈。信息获取来源于记忆和当前的工作环境,记忆偏差有可得性偏差,即人们认为容易记起来的事情发生的可能性更大;信息处理过程是人们对大量信息进行推理、根据偏好降低其复杂性的过程,产生的认知偏差具体包括启发式偏差、心理账户、框架效应、反应过度、反应不足等;信息输出过程中人们易出现过度自信和羊群效应等。前三个步骤都会产生系统性偏差,影响投资者最终的决策判断,进而影响股票价格;反过来,股票价格的偏差又会作为新的市场信息,进一步影响投资者的决策过程,形成循环作用机制。在信息反馈阶段人们会增加或减弱对事物原有的认知程度,此阶段主要的认知偏差有后悔厌恶、损失厌恶、自我归因、处置效应、确认偏误等。

我国证券市场中典型存在的投资者认知偏差有过度自信、损失厌恶、锚定效应、羊群效应等。

(一)过度自信及其对股市的影响

大量的认知心理学研究表明,人总是趋向于过度自信,当人们表示对某事件有 90% 的把握时,往往实际成功概率约为 70%。Gervaris、Heaton 和 Odean (2002)将过度自信(overconfidence)定义为:认为自己知识的准确性比事实中的程度更高的一种信念,即对自己拥有的私人信息赋予的权重大于事实上的权重。过度自信主要表现为在投资决策中经常过高地估计自己的直觉、判断和认知能力,认为自己拥有比别人更准确的信息和比别人更高明的智慧;面对可能的风险时,也过分相信自己有控制事态发展的能力,并能最终取得成功。

过度自信与决策问题的难易程度具有负相关关系。Griffin 和 Tversky(1992)指出人在面临困难任务是会出现过度自信特征,不仅新手容易过度自信,专家更容易过度自信。金融市场的参与者比普通人更具有过度自信的特征。这可以从反向思考的角度得到解释:当人们认为自己投资能力强时,会亲自参与投资交易,当投资信心不够时会委托理财或选择低风险的投资方式;这样的人员分流,使得凡敢于参与股市交易的投资者通常都是相信自己投资能力、积极的投资者。

相当多的理论模型和实证研究都揭示过度自信会导致更高的成交量,并且降低投资者的收益。我国股市的投资者过度自信现象较为明显,表现为投资者常对不确定性很强的股票指数范围做出较为肯定的判断,这表现在我国股市的过高交易频率。根据历史数据,我国证券市场的年换手率一直高居不下,最高时超过 900%。我国沪、深两市的年平均换手率是日本东京的 8 倍,美国纽约的 6 倍。交易频度也相当高,居全球证券市场之首。

(二)损失厌恶及其对股市的影响

损失厌恶(loss aversion)是指人们普遍厌恶遭受损失,且相对收益,人们对损失更加敏感。经济学家研究发现等量的损失带来的负效用是等量收益带来正效用的 2.5 倍。

在金融市场中,损失厌恶的表现为,投资者在遭受损失后在心理上不愿接受损失的事实,久久不愿卖出股票,而是期待将损失扳平,即使这样意味着投资者可能蒙受更大的损失。其实"止损"是证券交易的重要法则,若不及时做到,所有资金可能亏损殆尽;损失厌恶使投资者做出非理性决策。

损失厌恶也表现在投资者的风险偏好上,当涉及收益时,人们表现为风险厌恶;当涉及损失时,人们则表现为风险寻求。

市场中还大量存在短视的损失厌恶(myopic loss aversion)现象。Benartzi 和 Thaler(1995)认为,股票溢价之谜可用短视的损失厌恶解释。短视的投资者把股票市场视同赌场,单纯强调潜在的短期损失,而事实上,通货膨胀的长期影响可能会远远超过短期内股票的涨跌。这样,长期收益可能会周期性地被短视损失所打断,而且短视的损失厌恶使人们在长期的资产配置中表现的过于保守。

上海证券交易所的一项调查显示 49.41% 的投资者因为害怕遭受损失而采取了"决不止损"的手法,显示出风险偏好的行为特征。深交所的调查显示,当投资者所持股票下跌时,选择采取"长期持有,直到解套"的投资者为数最多,约占总数的 41%;其次是选择采取"不断补仓,拉低价位"的投资者,约占总数的 32%;而选择采取"忍痛割肉"的投资者约占总数的 27%。

（三）锚定效应及其对股市的影响

锚定(anchoring)效应,又称为数量依托效应,是指人们在对不确定事物进行评判过程中,通常是根据最初获得的信息,而不是最新信息进行分析。这也就是通常第一印象对决策至关重要。在心理学上,锚定效应具有很重要的理论价值和实践价值,被认为是其他的心理现象的潜在原因。

在证券投资中,具有锚定心理的投资者倾向于把历史事件（无论它是否真的与投资者决策有关）作为参照依据,也就是说,投资者会去选取一个用于决策时比较的"锚"。在判断另一事件发生概率高低时,会过度相信历史重演。

例如,Northcraft 和 Neale(1987)的研究证明,在房地产交易中,起始价偏高的交易最终成交价高于起始价较低的交易。锚定效应的另一个表现形式是,当人们容易受到暗示的影响。例如在问卷调查中,人们在选择答案时喜欢仅仅针对已提供的选项对号入座,而并不考虑它们是否全面,是否具有代表性,从而回答结果受到问卷选项设置的误导。

De Bondt 和 Thaler (1985) 认为,投资者对于过去股市的输家会过度悲观,过去的赢家会过度乐观,结果使股价和基本面价值差异很大。例如,在牛市时,某投资者赢利 15%,但他发现许多股票都上涨 25% 以上,出于参考点的锚定心理,15% 的收益不但不会令他满意,反而会使他卖掉手中表现"不佳"的股票,寻找其他可能会有更好表现的股票。

二、群体性认知偏差——羊群行为

羊群效应(Herd Behavior)是指人们投资决策的趋同性,单个投资者由于受其他投资者采取某种投资策略的影响而采取相同的投资策略,反之如果其他投资者不采取这样的策略,单个投资者则也不会采取这种策略。羊群行为产生于模仿他人的意愿,分为"有意识"与"无意识"的羊群行为。就市场整体而言,羊群效应使投资策略会趋于一致,这种现象在极度的牛市或熊市最为明显,表现为集体追涨或杀跌。

羊群行为产生的一个重要心理原因是投资者之间的相互传染(contagious)。传染是人们相互影响的一种互动方式,是个体对某种心理状态的无意识的、不自主的屈从。传染实质上是情绪的传递交流。在大型开放人群中,一个人的情绪往往可以引起他人相对应的情绪的发生,而他人的情绪又反过来加剧了这个人原有的情绪,反复振荡,甚至激起强烈的情绪爆发,导致某种非理智的行为发生。

在一些证券市场的证券交易场所(如中国股市供交易者交易的券商营业部),众多交易者聚集在一起,相互交流各种信息和表达各种观点、情绪,他们构成的整体往往会在情绪上走上极端。一旦行情上涨,少数交易者的乐观情绪很快就开始在交易者之间传播并传染他们,最终所有交易者大多都会受到影响而提高自己关于股市看涨的主观概率,从而都易于买入股票;而在行情萧瑟时,悲观的情绪弥漫整个场所,所有交易者都盲目悲观,纷纷抛售股票。

除了面对面的传染,在现代社会中,传媒对大众的传染影响力可能更甚。传媒在宣传报道时一般很难坚守客观性原则,要么迎合大众的口味,要么添油加醋制造轰动效应,往往走上了极端。市场走好后,各种媒体报道铺天盖地,在基本面、技术面、监管层言论等都挑选有利的方面大肆宣扬,整个社会都沉浸在乐观的氛围中;市场调整后,各种媒体开始找原因、挖掘各种"黑幕",利好也被理解为"利好出尽是利空",大众被包围在恐慌气氛中。在美国 1990 年代的股市非理性繁荣中,发达的传媒就起到了推波助澜的作用,他们使大众相信,新经济不同于旧经济,增长永远不会衰竭,股市仍然会持续上涨。

羊群效应说明,金融市场中的投资者并非如标准金融学中描述的那样彼此独立,而是他们以有意或无意的方式相互作用。一系列相似的非理性投资者决策可以影响证券价格,甚至决定股市兴衰。

我国股票市场上存在的羊群效应非常明显。当股指上升时,大批中小投资者蜂拥而入。新股民大多对股票并不了解,只是看到周围人都在股市中赚了钱就自己跟入。在投资过程中,由于缺乏股票方面的专业知识,新股民也会依照别人的行动而采取行动,从而产生从众行为,股市泡沫就是这样在盲目跟风中被越吹越大。

羊群效应在股票的上涨、下跌和调整阶段的表现各有不同。在上涨阶段,投资者对市场信心空前高涨,受市场情绪传染,加上国内外重大事件等因素的影响,纷纷购入股票,推动股价一路上升。在下跌阶段,投资者人心惶惶,盲目从众的表现比牛市中的更为突出,投资者争相抛出股票。例如 2007 年 5 月 30 号出台印花税从 0.1% 调高到 0.3% 后,许多投资者推测政府有要打压股市的意图,疯狂地抛售股票。沪指也从 4000 多点,直泄 1000 多点。在调整阶段,投资者多处观望状态。一旦出现反转，还是会集体入市，或者集体逃离。

除中国市场之外，近两年在美国爆发的房地产次级贷款危机很大程度上也源于金融市场的羊群效应。次贷危机爆发的前几年，美国股市一路上扬，房市也一路走高，居民储蓄大量从银行流向股市和房市，银行的住房抵押贷款也大量增加。银行为了盈利，也不断地创新房贷产品，吸引更多的人加入到房贷申请者队伍。政策鼓励促进了人们"无意识"的羊群效应，申请房贷人数剧增又促进了"有意识"的羊群效应，导致房市、股市的不断走高。当风险积累到一定程度时，房价和股市的泡沫最终破灭，对金融市场产生了沉重的打击。

3.5 结 论

本章对影响股市安全几个因素进行了分析，包括宏观经济、市场制度、国外股票冲击以及投资者心理。第一，在宏观经济与股市安全的研究中，本章先用理论分析显示了宏观经济的恶化将对股市安全性产生影响，然后利用我国经济数据进行实证分析，结果显示汇率、利率、GDP 和货币供应量（M_2）与上证综合指数之间存在着长期均衡关系；其中汇率、货币供应量（M_2）和 GDP 与指数成正相关，而利率与指数成负相关。第二，在市场制度与股市安全的分析中，本章以我国股票市场为背景，用理论演绎的方式论证了市场制度与股市安全之间的联系。第三，在国际冲击与股市安全的分析中，本章讨论了股票市场国际传染的传导机制，并通过实证检验表明，世界主要的股票市场指数——美国道琼斯指数和英国伦敦 FTSE 指数、德国 DAX 指数对我国上证 A 股指数都存在非常显著的传染效应。此外，香港恒生指数对上证 A 股也有一定的传染效应。第四，在投资者心理与股市安全中，本章分析了个体心理偏差和群体性心理偏差对股市安全影响的机理。本章的结论为我们建立股市安全的预警机制和应急处理机制提供了理论和实证基础。

4 股市安全预警体系的基本框架与指标

　　股市危机的爆发往往会给实体经济带来严重的冲击,使经济体系陷入较长时间的衰退。虽然各国市场具有不同的地理位置、发展特征和发展阶段,危机的产生都具有一些共同的原因,例如经济发展内外不均衡、过度信贷导致资产价格膨胀等。在 1997 年东南亚金融危机之后,各国政府和一些国际组织(例如国际货币基金组织、世界银行、亚洲开发银行等)意识到防范金融安全的重要意义,展开了一系列针对金融预警系统(Early Warning System,EWS)的研究。例如,国际货币基金组织提出了"金融稳健指标(soundness indicators)",用于监控一国金融机构以及金融市场的健康性和稳定性。然而,目前现有的金融预警体系主要关注于货币危机和银行危机,较少考虑股票市场危机。从金融发展的历史来看,货币危机、银行危机与股市危机之间有密切的联系,货币危机、银行危机通常会通过股票市场爆发性地显示出来,并使整个金融系统陷入困境。但是由于股票市场有着相对独立的运行规律,宏观经济波动、国际游资冲击、股票市场过度投机等因素都会导致股市崩盘,而不一定引起货币危机或者银行危机。例如,1987 年美国股市的大崩盘,在 4 个交易日里累计下跌了 30%;2007年的中国股市出现了高达 70% 的累计跌幅,在这些股市崩盘事件中都没有发生货币危机和银行危机。因此,我们需要在货币危机和银行危机预警体系的基础上,建立股票市场的预警体系。股市安全预警体系的建立有助于政策制定者预期到问题的存在,并采取合适的措施来预防危机的爆发。

　　本章将首先对金融市场的安全预警体系进行回顾,其次讨论股票安全预警体系的目标和实施框架,然后提出股市安全预警体系的指标体系。

4.1　金融市场预警机制综述

金融股市安全预警属于社会经济预警的范畴。社会经济预警理论最早可追溯到 19 世纪末期,法国经济学家福利斯在其代表作《社会和经济气象研究》中用黑、灰、淡红和大红等几种颜色来测定法国 1877—1887 年 10 年的经济波动,并据此绘制国家的宏观经济波动图,阐述反映宏观经济动向的"晴雨表",证明宏观经济波动的现实存在。20 世纪初的 1917 年,哈佛大学由帕森斯教授主持设立了从事景气监测的经济调查委员会,编制出了美国一般商情指数。此指数分为 A,B,C 三组曲线,根据时间变动的差异关系,用 A 曲线表示投机指数,B 曲线表示生产量及物价指数,C 曲线表示金融指数。从历史拟合的角度分析,哈佛指数对 20 世纪初期至 1929 年美国历次经济危机都作了较好的反映,显示出较好的经济效益(黄颖利,2005)。除了这些在现实中展开应用的预警体系之外,学术研究领域也有相当多的关于金融安全预警的研究。这些研究通常用利用不同国家发生货币危机、银行危机的数据进行建模和实证检验,将样本分为平静期(tranquility period)和波动期(turbulence)。研究的方法包括事件研究法、Probit 模型、信号显示模型(signal extraction model)等。Edison 等(2003)对这些研究进行了一个很好的综述,他们讨论了几个经典的货币危机预警体系的研究情况。

最早利用跨国数据进行货币危机的研究来自 Eichengreen,Rose 和 Wyplosz(简称 ERW)在 1994、1995、1996 的文献。ERW 关注于那些采用或者曾经采用盯住汇率的工业化国家。他们把危机定义为汇率、利率和国际储备的大幅波动,然后比较了一些宏观经济数据在平静期和波动期的表现。他们发现那些主要的宏观经济变量在这两个期间有较大的变动。

Frankel 和 Rose(1996)(简称 FR)主要关注于发展中国家的货币危机,他们采用了 Probit 模型的方法来分析 105 个国家从 1971 年到 1992 年之间的年度面板数据。与 ERW 的定义不同的是,他们认为货币危机仅仅是汇率的大幅波动。FR 的研究结果表明,低国外直接投资、低国际储备、高国内信贷增长率、高国外利率以及对汇率的高估都会增加货币危机的概率。FR 认为这些结论表明可以建立一个货币危机的预警体系。

在墨西哥货币危机之后,Kaminsky 和 Reinhart(1999)建立了一个预警体系模型来考虑货币危机和银行危机,分析了这两类危机之间的关系。在一系列研究论文中,Kaminsky,Lizondo 和 Reinhart(1998)(简称 KLR)进一步拓展了关于预警体系的研究。KLR 的研究考察了 20 个国家从 1970 年到 1997 年之间的月度数据,他们的样本既包括发展中国家,也包括发达国家。他们采用了信号显示方法来评估在危机发生时很多宏观经济和金融变量的变化情况,结果发现在大部分的危机中经济体系都呈现出较弱的表现,例如经济活动的下滑、汇率的高估、国际储备损失以及货币供应量 M_2 与 GDP 之比过高等。在这些结论上,他们建立了新兴市场银行和货币危机预警系统。实证结果表明,模型在预测货币危机的效果上好于预测银行危机。

Berg 和 Pattillo(简称 BP)(1999)以及 Masson 等(2000)的一系列研究提出了一类改进的、并用于 IMF 的金融市场预警体系。这些模型的出发点是,如果 IMF 在 1996 年采用了这些模型,那么在多大程度上能够对 1997 年的亚洲金融危机提出预警。在 KLR 模型的基础上,他们增加了一些另外的具有解释能力的变量,并且对样本国家进行了微调。此外,他们在多变量的 Probit 模型中嵌入了 KLR 的变量,并且比较新模型与 KLR 模型的结果是否存在差异。研究的结论表明一些预警体系的确能够对金融危机的爆发提供预警信号。

Goldstein,Kaminsky 和 Reinhart(2000)选取了 24 个预警指标,建立了货币危机和银行危机的预警体系,他们的研究成果可以总结为以下几个方面。第一,新兴市场的银行和货币危机一般不会在没有任何预警的情况下发生。一些较好的预警指标能够揭示出 50%～90% 在过去 26 年里发生的金融危机。然而,就算是最好的预警指标也可能发出错误的预警信号。第二,如果应用月度数据,新兴市场的银行危机比货币危机更加难以预测。原因可能在于当前的预警指标没有很好地反映银行的制度、股权结构、激励机制等有可能引发银行脆弱性的因素。第三,如果采用月度数据,对于货币危机,最好的预警指标是汇率升值;对于银行危机,最好的预警指标是资产价格下降、出口下降、M_2 与国际储备之比上升。如果采用年度数据,最好的预警指标是赤字与 GDP 之比以及赤字与投资之比大幅上升。

在以上预警体系之外,Berg 等(1999)以及其他研究者都提出了货币危机的预警体系,其中一些研究的情况如表 4.1 所示。

表 4.1　各类货币危机预警体系的比较

预警指标名称	DCSD（Berg，Borensztein，MilesiFerretti 和 Pattillo）[1]	KLR（Kaminsky，Lizondo 和 Reinhart）[2]	GS-WATCH（Goldman Sachs）[3]	EMRI（Credit Suisse First Boston）[4]	DB Alarm Clock（Deutsche Bank）[5]
危机定义	汇率和储备一个月的变化率加权平均值与其他国家的平均水平相比超过 3 个标准差	同 DCSD	汇率和储备三个月变化率的加权平均值超过该国的临界水平	至少持续两个月汇率贬值大于 5%	汇率贬值大于 10%，利率升值大于 25%
信号窗口长度	2 年	2 年	3 个月	1 个月	1 个月
预警方法	Probit 模型	预警指标的加权平均值	Logit 模型	Logit 模型	Logit 模型

注：1：Berg and others（1999），DCSD 代表 Developing Country Studies Division

　　2：KLR（Kaminsky，Lizondo，and Reinhart，1998）

　　3：Goldman Sachs（Ades，Masih，and Tenengauzer，1998）

　　4：Credit Suisse First Boston（Roy and Tudela，2000）

　　5：Deutsche Bank（Garber，Lumsdaine，and van der Leij，2000）

资料来源：Berg，Andrew，Borensztein，Eduardo and Pattillo，Catherine A.（2004）：Assessing Early Warning Systems：How Have They Worked in Practice? IMF Working Paper No. 04/52. Available at SSRN：http://ssrn. com/abstract=878875

国际货币基金组织 IMF 从 20 世纪 90 年代起就致力于建立一个评价金融体系稳健性的预警体系。与单纯的货币危机预警系统相比，IMF 的预警系统不仅关注了宏观层面指标的变化，更全面的关注了各类金融市场的情况，包括银行、公司部门、居民债务以及房地产市场。在 IMF 之外，各国的金融监管当局也有各自的一些金融预警系统。例如法国银行协会的银行业分析支持系统（Support System for Banking Analysis，SAABA），美联储的 CAMELS 现场评级系统（System for Estimating Examination Ratings，SEER）和非现场评级系统（Statistical Camels off site Rating，SCOR）以及美国货币监理署的银行测算系统（Bank Calculator）[①]。法国银行协会的 SAABA 通过对每家银行详细的信贷资产组合分析，判断其未来支付能力，并对银行体系的健康状况进行综合评价。SAABA 的预警指标包含银行会计数据、监管数据、资产风险调查、企业逃废债统计、股东素质评价、国家风险、企业信用等级和银行信用等级。SAABA 的特

---

① 本部分的介绍来自黄颖利（2005），衍生金融工具风险信息实时披露与预警研究，东北林业大学博士论文。

点是较全面地考虑了影响商业银行经营的各个方面，尽可能全面地捕捉各种风险因素。美联储的 SEER 主要被用来识别那些有经营恶化倾向的银行，通过建立半年前的金融统计数据与当前 CAMELS 现场评级值之间的因果关系，预测未来 CAMELS 值。如果预测的 CAMELS 值比当前有明显的恶化倾向，则该机构被标识并对其进行审查。美联储的 CAMELS 非现场评级系统 SCOR 在基本假定、使用技术、预警指标和系统用途等方面与 SEER 基本相似。SEER 和 SCOR 使用的预警指标主要有逾期贷款、非增值贷款、取消了抵押赎回权的房地产贷款、流动性负债、流动性资产、净收益、投资证券等。不同的是 SEER 认为 CAMELS 的前期值对后期值有影响，而 SCOR 没有考虑这一影响。美国货币监理署的银行测算系统可以在银行财务报表显示出经营恶化的迹象之前发出预警信号。该系统以倒闭银行和"问题"银行的数量为预警目标，以资产组合、内部经营和外部环境三大类指标为预警指标，其中资产组合指标包括资产私负债均衡、不良贷款、CAMELS 值等；内部经营指标包含资本金、盈利水平；外部环境指标有失业率、银行规模、银行成立年限、管理体制变化等。此外，美国联邦存款保险公司的增长监测系统（Growth Monitoring System，简称 GMS）是对银行危机早期阶段——高增长阶段的预警，它以资产或贷款的高速增长作为风险信号，认为追求高增长会使银行内部管理放松、贷款集中投放到高风险行业。系统的预警指标为 4 个比率和 5 个增长率，该系统将单个机构的指标与对比组的平均值比较，加权计算 GMS 综合值，以资产或贷款增长 5% 为限，将机构分成两组，然后在高增长组中按 GMS 值的大小进行排序，标识出排名在前的机构。

虽然通过对多个国家历史数据的实证研究表明金融安全预警系统能在一定程度上揭示风险的存在，但是安全预警系统的应用依然存在一定的局限性。例如，每个市场由于发展阶段的不同，导致危机产生的原因可能不尽相同；另外，由于预警指标要求具有一定频率，那些变化频率较小、但有可能对市场产生重要影响的制度因素很难纳入预警系统。在现实中，即使政府通过预警系统意识到危机可能发生，但很有可能没有能力或者没有足够的时间采取正确的应对措施。例如，在 20 世纪 90 年代，日本的金融体系非常不稳定，但政府一直没有寻找到合适的方法来应对危机。在美国有如此之多的银行危机预警系统，但依然没有阻止 2007 年次贷危机的爆发。正如 Goldstein，Kaminsky，Reinhart（2000）指出，距离建立一个成功的金融市场预警系统我们还有很长的路需要走。

4.2　股市安全预警体系的目标与实施过程

　　股市安全预警体系是指对股票市场运行过程中可能发生的巨幅波动,甚至崩盘进行实时分析和监测,对监测结果获得的警情、警兆,发布警示预报,为金融监管者、金融机构以及投资者提供对策建议,以减少金融资产损失和金融体系遭受破坏的可能性。建立股市安全预警体系的必要性在于股票市场的安全运行对经济体系的健康发展有着重要的意义,而股市安全预警机制有助于发现股市运行中可能存在的风险因素、突变因素,为股票市场的安全运行提供对策建议。

　　股市安全预警体系的框架应该包括预警的目标、预警的指标、预警的方法以及预警机制的实施过程。在预警指标上,现有的研究有选择单一指标(例如股市常用的市盈率指标),也有利用综合指标用以识别危机。本章将在借鉴现有研究的基础上,用综合指标来对股票市场危机进行预警,具体的讨论将在 4.3 节展开。在预警方法上,传统的金融安全预警方法都直接或者间接地依赖线性函数来建立模型,往往不能有效解决股票市场风险复杂化、非线性化等问题。我们将人工神经网络应用于股市安全预警系统,使系统具有处理非线性、不确定性问题的能力,并运用神经网络的自学习、自适应以及泛化能力完成系统的实施与运行工作。本书的第五章将具体介绍人工神经网络方法。本节主要讨论安全预警体系的目标和实施过程。

4.2.1　股市安全预警体系的目标

　　金融安全预警的目标是使政策制定者能够发现金融体系潜在的脆弱性和不稳定性,并且采取可能的措施来降低金融危机带来的风险(Marcel,Matthieu,2002)。从股票市场的具体情况来看,股市安全预警的目标是为了获取超前预警指示信息、对股票市场在运行过程中可能发生的金融资产损失和金融体系遭受破坏的可能性进行实时分析、监测,对监测结果获得的警情、警兆,发布警示预报,为股票市场的安全运行提供对策建议。建立预警目标的实质是需要对危机进行定义。

　　在货币危机的预警系统的实证研究中,有两种方法来定义危机。第一种方法是建立汇率的压力指数(EMR, exchange market pressure index),该方法最早由 Eichengreen 等(1994)提出来,在目前的预警系统研究中应用较多。在 Eichengreen 等(1994)的研究中,他们将货币危机定义为汇率、外汇储备和利率的大幅变动。而最近的一些关于新兴市场的预警系统研究中,通常只将汇率和外汇储备的变动作为预警目标。以月度数据为例,汇率压力指数的计算方法如下:

$$EMP=(\Delta e/e)-(\sigma_e/\sigma_R)\times(\Delta R/R) \tag{4.1}$$

其中,$\Delta e/e$ 是指双边名义汇率(如本国货币兑美元的汇率)的月变化率;$\Delta R/R$ 是国际储备月变化率;σ_e 是汇率变化率的标准差;σ_R 是国际储备变化率的标准差。危机的定义是,如果在一个特定的月内,EMP 超过样本期内的平均值和 n 个标准差之和(n 通常取值在 2~3 之间),就认为这个月发生了货币危机,即:

$$EMP>\mu_{EMP}+n\delta_{EMP} \tag{4.2}$$

其中,μ_{EMP} 是指 EMP 的均值,δ_{EMP} 是标准差。如图 4.1 所示,Edison 等(2003)通过汇率压力指数法对墨西哥货币危机的研究,他们将货币危机定义为汇率压力指数超过指数平均值和 2.5 个标准差之和。

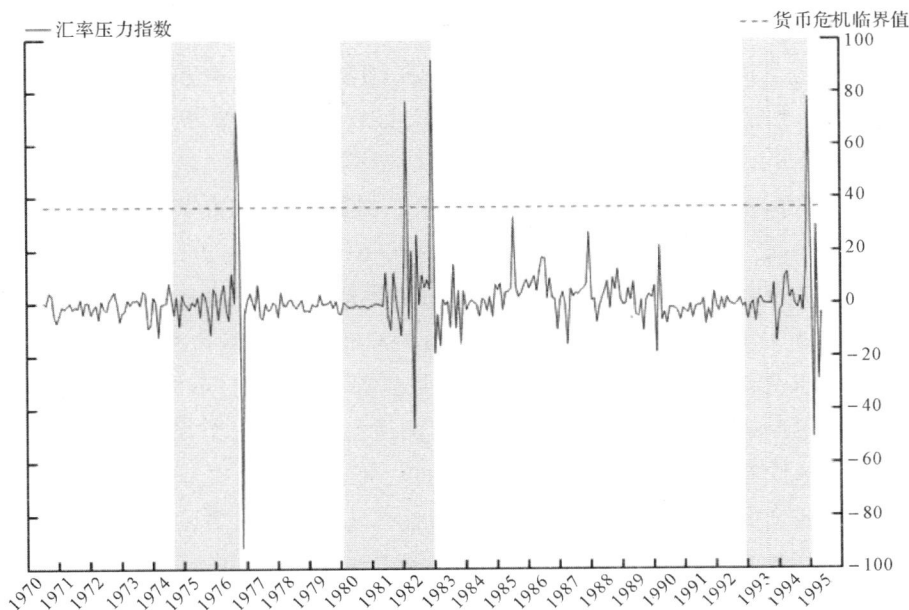

图 4.1　墨西哥的汇率压力指数(1970—1995 年)

注:图中的实线代表汇率压力指数值,计算方法为月度汇率变化率和外汇储备变化率的加权平均;虚线代表定义货币危机的临界值,计算方法为样本期内汇率压力指数的均值和 2.5 倍标准差之和;阴影部分是压力指数超过临界值、货币危机发生的时期。

资料来源:Edison,Hali J.(2003):Do indicators of financial crises work? An evaluation of an early warning system. International Journal of Finance & Economics,2003,8(1):11—53.

　　Goldstein 等(2000)认为汇率压力指数能够衡量一国货币遭到攻击导致国际储备大幅损失和汇率贬值的程度。即使对那些固定汇率制度的国家而言,汇率压力指数也可以衡量出为了维持既定汇率所发生的国际储备的损失。

　　第二种定义货币危机的方法是设定一定的危机"触发点(trigger point)"。例如 Credit Suisse First Boston 的危机预警系统里,将至少持续两个月汇率贬值大于5%作为货币危机的定义。德意志银行(Deutsche Bank)的危机定义是汇率贬值大于10%,利率升值大于25%。

　　从汇率压力指数和触发点两种方法的比较来看,汇率压力指数的优势更为明显,因为汇率压力指数的大小是针对特定国家的相对值,而触发点并未考虑不同国家之间的差异。例如,对于一些浮动汇率制度的国家而言,汇率波动5%可能是属于正常的水平,而对那些盯住汇率或者固定汇率的国家而言,汇率波动5%可能意味着货币危机的爆发。

　　在对银行危机的定义中,同样也存在两类方法。应用得较为广泛的一种方法称为基于事件的方法(events－based approach),是用一些事件的组合来定义和计算银行危机的存在。这些事件通常包括强制关闭、并购、政府干预金融机构等。另一种方法是利用一些指标来定义银行危机,例如不良贷款(NPLS,Nonperforming loans)以及救助银行的成本等。在现有的文献中,对于这些指标采用多大的基准值,尚未得到统一的结论。例如,Sheng(1996)认为不良贷款率超过15%可以定义为银行危机;Demirguec-Kunt 和 Detragiache(1997)则认为不良贷款率超过10%或者对银行进行救助的成本超过 GDP 的2%就是银行危机。事件方法的优势是有关政府干预金融机构以及金融市场制度变化的一些数据可以获得,但局限性是这些数据往往不是月度数据,不能及时披露银行系统存在的问题。不良贷款率对监控银行的运行提供了一个很好的工具,但是很难区分风险是系统性的,还是非系统性的。

　　如何定义股市危机? 借鉴货币危机和银行危机的定义方法,我们认为可以采用压力指数的方法来衡量股票价格的变动。选取这一方法的主要原因是我国股票市场具有新兴加转轨的特征,股票价格的波动较为频繁,很难为股票市场危机设定一个触发点。通常情况下,股市崩盘的主要表现就是股价大幅下跌,所以我们采取月度数据,排除所有股市上涨的月份,将股市下跌时月平均股价变化率绝对值的均值和 K 个标准差之和用来界定股市危机的分界点。股市危机预警信号的界定步骤如下:

　　第一,计算每个月的股指波动压力指数 SMP(Stock Market Pressure Index),

计算方法为：

$$SMP = \Delta S / S = \frac{S_t - S_{t-1}}{S_{t-1}} \qquad (4.3)$$

其中，S_t 指本月股票指数的平均值，S_{t-1} 为上月股票指数的平均值。

第二，排除样本区间内所有 SMP 大于零的月份，求出 SMP 小于零的情况下，SMP 绝对值的均值 μ_{SMP} 和标准差 δ_{SMP}。

第三，对于每一个月的股指波动压力指数 SMP，进行下列判断：

当 $\mu_{SMP} + 1.5\delta_{SMP} > -SMP \geq \mu_{SMP} + \delta_{SMP}$ 时，表明股指的下跌幅度在均值加 1 个标准差到 1.5 个标准差之间，股市处于一级危机状态，用黄灯预警；

当 $\mu_{SMP} + 2\delta_{SMP} > -SMP \geq \mu_{SMP} + 1.5\delta_{SMP}$ 时，表明股指的下跌幅度在均值加 1.5 个标准差到 2 个标准差之间，股市处于二级危机状态，用橙灯预警；

当 $-SMP \geq \mu_{SMP} + 2\delta_{SMP}$ 时，表明股指的下跌幅度超过均值加 2 个标准差，股市处于三级危机状态，用红灯预警。

4.2.2　股市安全预警的实施过程

股票安全预警的假设前提是股票价格的波动应该在一定的范围之内，通过一定的预警指标和预警方法，当发现股价波动在未来一段时间可能超过合理范围时，预警系统发出信号，金融监管当局可以根据该信号采取合适的政策，防止可能发生的股价大幅波动。

股市安全预警的实施过程应包括以下几个重要环节：第一，设置预警的目标、方法和指标；第二，根据预警指标，建立实时的金融市场数据库；第三，通过预警方法的计算，对股票市场进行实时监控；第四，当预警系统发出预警信号时，采取合适的防范措施；第五，根据股票市场的实际情况，对预警系统进行评价，对预警方法、指标进行完善和改进。

4.3　股市安全预警机制的指标研究

预警指标（leading indicators）是预警体系中的核心要素之一。预警指标的选择不仅要求能够反映金融市场的安全稳定情况，而且要求数据具有可获得性。可获得性通常是指能够获得各个市场较长时间段的数据，以进行跨时期和跨市场的比较和研究。

4.3.1　金融市场安全预警的现有指标

现有的金融市场安全预警指标主要针对货币危机和银行危机，有代表性的预警指标体系包括 Kaminsky 等(1998)的预警指标，国际货币基金组织 IMF 的金融稳健指标，Goldstein、Kaminsky 和 Reinhart(2000)(简称 GKR)的预警指标等。这些经典的预警指标体系建立在相当多的实证研究基础之上，为我们建立股票市场预警指标提供了有力的参考依据。

一、IMF 的金融稳健指标①

20 世纪 90 年代以来，面临越来越频繁的国际金融危机，IMF 提出了一个金融稳健指标体系(Financial Soundness Indicators，FSI)，来衡量一个国家金融机构和市场的健康和稳定情况。金融稳健性评价体系的指标集由核心指标集(core sets)和鼓励指标集(encouraged sets)组成。总体来说，FSI 体系核心集的各项指标是依据巴塞尔监管体系的要求设计的指标。而鼓励集的指标则是在充分参考最新的经济学研究成果和吸取金融危机历史教训的基础上，依据了更加全面的经济统计数据而设计的指标。

(一)核心集指标的统计内容

FSI 核心集的统计内容和各项指标是目前 IMF 构建金融稳健性评价体系的重点，主要用于监控银行体系的风险。它通过对资本充足率、资产质量、盈利能力、流动性状况以及市场风险敏感度等方面的综合评价，来考察银行体系运作的稳健性。其内容和具体指标如下：

1.资本充足率。资本充足率是衡量金融机构稳健与否的重要指标之一。该项指标在 FSI 中被用来评估发生系统性金融风险时银行体系的抗风险能力。资本风险是指银行资本过少、不能弥补亏损以保证银行正常经营的风险。依据巴塞尔协议中的监管指标，金融监管部门通过对调整的资本比率和调整的 I 级资本比率指标的监控，来评估各商业银行的资本充足性。

2.资产质量。FSI 通过监督贷款质量来评价银行体系中的风险资产组合，通过监测呆账比率、信贷规模以及信贷资产在各经济部门的集中程度指标来衡量信贷资产的质量。其中呆账占全部贷款的比率和呆账占全部资本的比率两个指标用于评价信贷资产的整体质量，而贷款分布比率指标用来分析信贷资产

---

①　本部分介绍引自虞伟荣，胡海鸥：论金融风险监控指标体系的最新发展——IMF 金融稳健性指标评价体系评介，外国经济与管理，2004 年第 4 期。

在各经济部门的分配比率,以此来识别当某一经济部门发展失衡时可能产生的信用风险。由于信用风险是银行所面临的最主要的风险,因而也是 FSI 监测的重点。

3.盈利能力。金融机构的收入水平和利润反映了经营状况和经营环境的好坏。金融机构的盈利能力越强,抵御风险的能力也越强。FSI 中的资产利润率和净资产利润率这两个指标用于评价银行部门的盈利能力和抗风险能力;同时结合其他指标就可以对银行的经营状况作出综合判断。

4.流动性。流动性风险是指银行没有足够的现金清偿债务和保证客户提取存款而给其带来损失的可能性,它取决于存贷款机构的资产结构及经营环境。FSI 通过对银行流动性资产结构的分析来评价其的流动性风险。其中流动资产占全部资产的比率这一指标被用来衡量全部信贷资产的流动性水平,而流动资产对短期负债的比率这一指标则可用来衡量银行在发生债务危机时的抗风险能力。

5.市场风险敏感度。银行面临的市场风险主要是利率风险和外汇风险。FSI 从资产、负债和外汇资产的期限结构方面来考察银行体系在利率、汇率发生变化时面临的风险。其中资产平均期限和负债平均期限指标反映了信贷资产面临风险时的敏感程度,而外汇净头寸对资本的比率这一指标则反映了银行在面临外汇风险时的敏感程度。

(二)鼓励集指标的统计内容

由于各国的金融体系和经济体制存在较大的区别,因此单靠稳健性核心指标集来监管银行金融机构的做法还无法全面评估整个金融体系的金融风险。为此,IMF 的工作小组又提出了 FSI 的鼓励指标集,以便对银行和非银行金融机构以及相关经济部门金融状况进行全面的考察,进一步评估金融体系潜在的金融风险。其考核的内容和指标如下:

1.银行部门。银行部门的稳健运营是整个金融体系稳健的基础,因此反映银行部门运行状况的各项综合微观指标是金融安全预警系统发挥作月的基础。鼓励集的各项指标是在核心集考核指标的基础上对银行体系的金融风险进行更全面的监测。在鼓励集指标中对银行部门的考核指标共有 12 项,它们从 8 个方面对银行部门的经营状况和风险情况进行监测:一是对资本实力的考察(资本与资产比率指标);二是对信贷资产分布状况的考察(国外贷款的分布状态及其占全部贷款的比率);三是对金融衍生资产状况的考察(金融衍生资产余额占资本的比率、金融衍生负债余额占资本的比率);四是对经营性收支状况及管理成本的考察(交易收入占全部收入的比率、人员开支占非利息开支的比率);五是对银行盈利情况和同业拆借市场竞争能力的考察(基准存贷款利差、同业拆借的最大利差);六是对流动性风险的考察(私人储蓄存款占全部贷款的比率);七是对外汇信贷资产风险的考察(外汇贷款占全部贷款的比率、外汇负债占全部负债的比率);八是对证券资产风险的考察(证券净持仓量占资本的比率)。这些指标可以综合评估银行部门信贷资产的风险暴露和汇率发生变化时所遭受的间接风险。

2.证券市场流动性。证券市场上的过度投机可能会产生金融风险,因而对证券市场交易波动状况的考察可监控和防范资本市场的金融风险。鼓励集指标中选用证券市场买卖平均差价和证券市场日平均换手率两个指标来反映证券市场的交易波动状况和投机性,以此监控证券市场上过度投机导致的金融风险。

3.非银行金融机构。非银行金融机构在现代金融体系中发挥着重要的作用,同时其规模也在不断扩大,因而对其的监管和风险防范也是金融体系风险评估中一项重要的内容。在鼓励集指标中对此主要考察非银行金融机构的资产实力及其在金融体系中的规模。通过非银行金融机构资产占金融系统总资产的比率以及非银行金融机构资产占GDP的比率这两个指标来对非银行金融机构资产规模进行考察,以此分析和监测非银行金融机构发生金融风险时对整个金融体系和经济的影响。

4.企业。企业的金融状况是整个经济体系正常运转的基础,而且也直接影响到金融机构的经营状况和金融风险的产生。在鼓励集指标中通过企业的总债务对净资产的比率这一指标来考察其资产负债比率;通过净资产回报率以及收入对利息和本金支出的比率这一指标来考察企业的盈利能力;通过企业净外汇头寸对资产的比率这一指标来考察企业面临的外汇风险;同时通过债权人申请破产保护的数量来考察全社会的信用状况和经济失衡程度。综合这些指标就能直接考察金融体系信贷资产的质量和金融体系面临的风险。由于金融体系信贷资产质量的恶化常常是由企业经济效益的下降所引起的,因此这些指标也可作为金融风险的预测指标对金融状况进行分析。

5.家庭。家庭的负债比率过高,往往会孕育潜在的金融风险。对家庭负债比率的关注,有助于从早期防范金融体系信贷资产质量的恶化,规避系统性金融风险。通过对家庭负债占GDP的比率和家庭还本付息额占收入的比率这两个指标的考核,从宏观上把握家庭的负债状况,防止经济体系中的信用失衡和信用风险。

6. 房地产市场。在历次金融危机中，房地产泡沫都不同程度地直接导致了金融危机的发生，因而房地产市场发展的状况就成为金融体系风险预警的重点监控对象之一。在鼓励集指标中，通过对房地产市场各项指标的考察，监测房地产市场信贷资产的规模，有助于预测泡沫型金融风险的发生。考核的指标为房地产价格指数、居民房地产贷款的比率以及商业性房地产贷款的比率。这三个指标可用来监控房地产市场的整体情况以及房地产市场的平衡发展程度，为防范房地产市场的过热和畸形发展具有极其重要的意义。

7. 保险机构。随着保险业金融资产的不断扩大，保险资金与银行和证券市场之间的信贷关系越来越密切，因而金融市场的变化会对保险机构产生冲击。监控保险机构特别是人寿保险资产的风险，是金融风险监控中重要的一环，也是 FSI 评价体系中的一大创新。在鼓励集指标中共设计了 5 项考核指标，它们分别从资本比率、资产盈利能力、证券资产比率、资产流动性以及外汇资产净头寸等方面对保险机构的金融状况和潜在风险进行了考察。

二、GKR 的预警指标

GKR 的预警指标分为资本账户、债务情况、当前账户、国际金融市场、财政这几大类别。GKR 提出的预警指标在预测货币危机和银行危机的表现上不尽相同，他们利用各国历史数据对指标的有效性进行评价。对指标的评价取决于预警指标超过临界值、发出预警信号的精度。假设预警的窗口期设置为 12 个月，那么当预警信号发出时，表明在未来 12 个月可能发生危机。根据预警信号是否能正确揭示股市风险的存在，我们可以将信号分为正确信号、错误信号。如表 4.2 所示，如果预警系统发出危机信号，而且在 12 个月内确实发生了危机，那么称为正确的信号（用 A 表示），如果 12 个月内没有发生则是错误的信号（B）；如果预警系统没有发出危机信号，但在接下来的 12 个月内发生了危机，则为错误的信号（C），若确实没有发生危机，则为正确信号（D）。预警系统需要根据市场的反馈情况对指标和方法进行不断的完善。根据表 4.2，噪音信号比率 N/S 的计算方法为：$N/S=[B/(B+D)]/[A/(A+C)]$；危机发生的条件概率是指指标发出信号的条件下，危机发生的概率，计算方法为：$P(C|S)=A/(A+B)$。从这里我们可以看到临界值的选取对预测结果有很大的影响。如果临界值设置较低，预警指标就较容易发出预警信号，提高了发出错误信号的可能性，即加大了 B 值；但如果临界值设置较高，预警指标不容易发出危机预警信号，也就是加大了 C 值。如何在两者之间进行平衡？GKR 利用了网格搜寻程序（grid search procedure），通过实证研究来寻找对每个指标而言噪音信号比率最小的临界值。

表 4.2　正确和错误的预警信号

	在 12 个月内有危机发生	在 12 个月内无危机发生
危机信号	A	B
无危机信号	C	D

表 4.3　GKR 的货币危机指标

	噪音比率	危机发生的条件概率（%）	临界值（%）
实际汇率	0.22	62.1	10
经常账户余额/GDP	0.41	43.2	20
股票价格指数	0.46	47.6	15
经常账户余额/投资	0.49	39.0	15
出口	0.51	42.4	10
M_2/外汇储备	0.51	42.3	90
超额 M_1 余额	0.57	40.1	89
实际产出	0.57	43.0	10
财政收支余额/GDP	0.58	36.4	10
外汇储备	0.58	38.9	10
M_2 乘数	0.59	39.2	89
短期资本流动/GDP	0.59	35.2	85
国内信贷/GDP	0.68	35.6	88
政府消费/GDP	0.74	29.4	90
进出口交换比率（term of trade）	0.74	35.4	10
实际利率	0.77	32.0	88
进口	0.87	30.1	90
对公共部门的净贷款/GDP	0.88	26.2	88
中央银行对公共部门的净贷款/GDP	0.99	23.8	90
与美国的利差	1.00	26.1	89
国外直接投资/GDP	1.00	21.7	16
银行存款	1.32	22.3	15
存贷利差	1.32	24.4	88

资料来源：Goldstein，Morris，Graciela L. Kaminsky，and Carmen M. Reinhart(2000)：Assessing Financia Vulnerability：An Early Warning System for Emerging Markets (Washington，D. C.：Institute for International Economics).

　　表 4.3 和 4.4 列出了 GKR 预警指标和临界值，其实证结果来源于对 87 次货币危机和 29 次银行危机的数据的分析。从表中可以看到，在预测货币危机时，噪音比率最低的前 5 个指标是实际汇率、经常账户余额/GDP、股票价格指

数、经常账户余额/投资以及出口；危机发生的条件概率最高的前5个指标是实际汇率、股票价格指数、实际产出、出口和 M_2/外汇储备。在预测银行危机时，噪音比率最小的5个指标分别是实际汇率、短期资本流动/GDP、经常账户余额/投资、股票价格和 M_2 乘数；危机发生的条件概率最大的5个指标是短期资本流动/GDP、经常账户余额/投资、经常账户余额/GDP、财政赤字/GDP 和实际汇率。综合来看，实际汇率、经常账户余额/投资、股票价格在货币危机和银行危机上都有较强的预测能力。

表 4.4 GKR 的银行危机指标

	噪音比率	危机发生的条件概率(%)
实际汇率	0.35	24.0
短期资本流动/GDP	0.38	35.8
经常账户余额/投资	0.38	35.1
股票价格	0.46	23.4
M_2 乘数	0.46	18.3
财政赤字/GDP	0.47	25.9
经常账户余额/GDP	0.50	29.3
中央银行对公共部门的净贷款/GDP	0.52	23.8
实际产出	0.54	17.3
出口	0.68	14.3
实际利率	0.68	15.8
对公共部门的净贷款/GDP	0.72	13.3
与美国的利差	0.73	15.6
银行存款	0.73	12.9
M_2/外汇储备	0.84	11.4
超额 M_1 余额	0.88	11.0
国内信贷/GDP	0.89	10.9
外汇储备	0.92	10.7
进出口交换比率(term of trade)	1.01	11.6
国外直接投资/GDP	1.05	15.6
政府消费/GDP	1.44	10.0
存贷利差	1.48	8.3
进口	1.75	6.0

资料来源：Goldstein, Morris, Graciela L. Kaminsky, and Carmen M. Reinhart, (2000): Assessing Financia Vulnerability: An Early Warning System for Emerging Markets (Washington, D. C.: Institute for International Economics).

4.3.2　股票市场安全预警指标的选择

股市安全状况是由多因素作用的结果,这些因素可以通过一系列量化的指标反映出来。以可操作性、灵敏性以及综合互补性为原则,我们将构建五个层次的股市安全预警综合指标:除了股市运行本身之外,还包括宏观经济、金融机构、外部冲击。股市安全预警指标的选取应考虑以下几个方面的问题:

第一,股票市场预警指标与货币危机、银行危机预警指标的关系。股票市场危机与货币危机、银行危机有密切的关系,有关货币危机、银行危机的预警指标需要纳入股市安全预警指标。股票市场是经济体系的晴雨表,如果一国发生货币危机以及银行危机,股票市场通常也会遭到严重的冲击。尤其在我国,银行股在股票指数中占据较大的权重,银行的稳健经营对股票市场的健康运行有着重要的意义。

第二,指标数据频率的选取。股票市场波动较频繁,预警指标皆选取月度数据。对于一个完全有效的股票市场而言,市场价格能够对新信息做出迅速、及时的反应。我国的股票市场虽然并非完全有效,但是相关信息能够较快地通过市场价格波动反映出来。如果预警指标采用季度数据或者年度数据,是很难对可能造成股票市场突变的因素进行有效监控的。正如 Goldstein 等(2000)指出年度数据虽然很容易获得,但是存在较大的滞后性,年度数据适合于在危机后对导致危机的一些因素进行回顾和评价,并不适合进行预警。

第三,指标数据形式的选取。为了消除季节因素和进行跨国、跨时期比较,有些预警指标需要选取同比变化率(与上年同期相比)作为分析的对象。例如像宏观经济指标中的汇率、M_2 等指标,都采取求同比变化率的方法,这样能够降低月度数据的噪音,同时有利于进行跨时期的纵向比较以及国与国之间的横向比较。

第四,信号窗口(signaling window)的选取。预警信号是指当预警指标偏离正常行为时发出的信号。例如,国外主要股票市场的价格意外发生持续大幅下跌,这可能就是本国股票市场危机的信号。如果一个预警指标发出信号后,在一个可能的时间段内发生了危机,那么这个信号就是一个正确的信号;如果一个预警指标发出信号后并没有发生危机,那么这个信号是一个错误信号或者噪音。现有的关于金融危机预警指标的研究中,信号窗口期一般设置在危机发生前的 24 个月或者 12 个月。一般情况下,宏观经济、金融机构经营等指标发生恶化后,能较快地在股票市场中体现出来,因此我们将股市危机的预警窗口设置在 1 个月,即用 K 月的预警指标预测 K+1 月股市是否发生危机。

在借鉴 IMF 金融稳健指标和 GKR 货币危机、银行危机预警指标的基础上,根据我国经济发展的情况和股票市场的特点,我们设置的指标体系包括四个方面,如表4.5所示。

表 4.5 股票市场安全预警指标体系

层次	指标
宏观经济	汇率
	利率
	M_2
	CPI
	财政赤字
	GDP
	固定资产投资额
金融机构	存款
	存贷利差
	房地产价格指数
	房地产信贷总额
国际市场冲击	美国股票市场价格指数 DJI
	英国股票市场价格指数 FTSE
	德国股票市场价格指数 DAX
	香港股票市场价格指数 HIS
	国际市场石油价格
股票市场	上证综合指数 SSE
	成交额
	IPO

一、宏观经济

宏观经济指标在现有的金融危机预警指标中占据非常重要的地位。这是因为宏观经济指标提供了有关整个经济体系运行特征的信息,与金融市场的稳定发展密切相关。在本书第三章有关股票市场安全机制的研究中,实证研究表明宏观经济指标中的汇率、利率、M_2、GDP 增长率等股票价格指数都具有长期均衡关系。因此,我们在宏观经济指标里引入了 M_2、汇率、利率,并引入了可能导致与货币危机、银行危机的指标如财政赤字、固定资产投资额等。

二、金融机构

2007 年以来,美国房地产价格泡沫破灭引发银行业巨额亏损、倒闭,继而演变为席卷全球的次贷危机,造成了全球股市的大幅下跌。考虑到金融与地产行业的上市公司的市值在我国股票市场总市值中占有非常显著的比例,而且金融机构是整个经济体系资源配置的核心环节,在预警指标中我们引入了与银行稳健经营有关的指标:存款、存贷利差等。此外,还引入了房地产价格指数和房地产信贷总额。

三、国际市场冲击

随着全球经济一体化以及我国股票市场开放性程度的不断加深,我国股票市场越来越多地受到国际市场的影响。本书第三章的实证研究已经表明,美国、德国、英国以及香港特别行政区的股票价格指数对我国上证综合指数有显著的冲击作用,因此在国际市场冲击指标中我们引入了这几个世界主要股票市场的价格指数。近年来,国际油价的波动与股票市场价格也有着密切的联系,我们在指标体系中引入了国际油价。

四、股票市场

为了监控股票市场的异动情况,股票市场的一些指标能够提供重要的信息。股票价格是代表股市运行状况最为重要的指标之一。股市危机的集中表现是股市的崩盘,其直接原因是股票价格里包含了过多的泡沫成分,因此股票价格的过度膨胀可以作为股市危机的一个预警指标。除了股票价格本身之外,股市危机预警指标还包括衡量股票市场供给冲击的IPO以及衡量股票市场流动性的成交量。对这些指标的实时监控,有助于分析股票市场的运行是否过度偏离了正常的水平。

以上提出的预警指标包含了影响股票市场价格波动的主要因素,但依然存在一定的局限性,这是由于数据可获得性和精确性的限制,在预警指标中无法引入一些对市场有重要影响的因素。例如,股票市场价格波动容易受到投资者情绪的影响,预警指标如果能包括投资者情绪指数,应该能为预测股市存在的突变因素提供依据。从金融市场上发生的股市危机来看,危机前股票市场的过度膨胀与投资者的过度自信和盲目乐观有密切的关系,而危机的爆发和蔓延则很大程度上来源于投资者的悲观及恐慌。但是目前衡量投资者情绪的指数很难引入预警系统,这来源于两方面的原因:第一,我国的一些投资者情绪指标,如央视看盘、好淡指数等缺乏足够长的历史数据,而预警系统的研究需要建立在一定时间段的实证分析之上;第二,各国之间缺乏权威的、统一的投资者情绪指数,所以无法进行跨国的比较。除了情绪指标外,预警指标没有引入的另一个重要因素是衡量金融监管质量的政策指标。"政策市"是我国股票市场的一个重要特征,股票市场波动容易受到政策因素的影响,但是在预警指标中缺乏评价监管水平、监管能力以及政策持续性的指标,这就使预警体系无法对由于政策因素造成的股价大幅波动进行预测。

5　股市安全预警人工神经网络建模

股票市场的预警方法多种多样,有时间序列分析方法、灰色预警方法和经济计量方法等,本章首先对各种预警方法进行了简单回顾,在此基础上提出了人工神经网络股市预警方法,接着对人工神经网络模型在安全预警方面的应用进行了回顾,论述了神经网络预警涉及的领域和预警的能力,最后建立了粒子群优化算法 BP 人工神经网络模型对股市进行预测,并在此基础上提出了股市安全预警系统。本章的目的在于通过建立基于人工神经网络的股票市场价格指数预测模型,为政府和证券市场投资者预测股票价格指数的走势以及股票市场风险提供辅助系统,从而有利于提高政府和投资者相关策略制定的科学性和技术性,降低投资者的投资风险,促进股票市场的健康发展。

5.1　人工神经网络预警方法与文献综述

在国内外的学术研究中,股市安全预警方法主要有时间序列分析法、灰色预警方法、经济计量方法和人工神经网络预警方法等四种[①]。时间序列分析法主要是通过建立股票价格的时间序列模型,预测股市未来变化,从而达到预警的目的。时间序列分析法的基本方法有:指数平滑法、移动平均法、季节性(周期)变化、非平稳随机分析(包括季节性模型、X-11 模型和自回归综合移动平均模型 ARIMA 等三种)、平稳随机分析(包括自回归模型 AR、自回归移动平均模型 ARMAX 和移动平均模型 MA 等三种方法)。灰色预警方法预警的理论基础主要是模式识别理论和灰色系统理论,该方法指虽然人们知道自变量和因变

---

①　本部分的介绍来自武晓炜,基于人工神经网络的股价预测模型研究,大连理工大学硕士论文。

量之间可以满足某种特定的条件和存在某种特定的数学关系,但是由于某些变量还不确定和不清楚或者由于变量历史数据的不充分和不全面,使股市预测处于一种半明半暗的灰色状态。在灰色预警方法中,随着事件的发展、不确定因素的逐步明确和数据的逐步全面,灰色预警也逐步由暗变明。经济计量方法是预测股市常用的定量分析方法,该方法的经济过程预警包括建模阶段和预测阶段两个阶段。其中,在建模阶段,选择具体的经济计量模型的时候要充分考虑预警内容相关的经济理论基础、预警预测的精度要求、可以获取的相关统计数据的具体情况、预测与预警的经费限制等因素,在此基础上选择适当的模型;在模型预测阶段,要确保在预测的时间跨度区间内,经济的未来走势不会发生大的结构性变化。人工神经网络预警方法是一种较新的时间序列分析方法,其机理在于模拟人脑的基本特征,是一门涉及生物学、脑科学、信息论、认知学、医学、物理等科学的交叉学科,是一种经过深入的分析研究且被广泛应用于信号处理、模式识别、故障诊断、组织优化和预测估计等领域的技术手段。人工神经网络是在认识人脑结构和运行机制的基础上,模拟其结构和运行机制形成的由大量处理单元相互连接组成的信息处理系统,简单来说,人工神经网络是一种数学模型,是人工智能的一种研究方法,可以通过电子线路来实现,也可以通过编程实现。

在股市安全预警方面的预警模型和方法种类很多,这些模型与方法从不同的角度出发,对股市安全预警的不同问题进行了研究,为促进股市的健康发展提供了数据依据和决策支持。由于股市安全预警问题具有不确定和非线性等特点,而传统的安全预警方法往往直接或间接地用线性函数建模,不能有效解决现实股票市场的复杂性、非线性等问题,用该类方法进行股市预警具有一定的局限性,而人工神经网络与其他预警方法相比,人工神经网络具有非线性性、自学习、自组织、容错性、并行性和自调节性等优点,将众多的股市影响指标纳入考虑,通过人工神经网络的自学习、自适应与泛化能力等使系统具有处理非线性和不确定性问题的能力。人工神经网络的优越性主要体现在以下几个方面。(1)非线性性。人工神经网络是由众多的神经元(节点)组成,每个神经元采用非线性的传递函数,整个神经网络在本质上是由众多的非线性处理元组成的非线性系统,故其在处理非线性问题上具有其他研究方法无法比拟的优势。(2)自学习和自组织性。人工神经网络通过已有的样本进行学习,发现已有样本的内在规律及特性,其在学习过程中无需对样本的空间分布状态做任何假设。(3)容错性。在人工神经网络中,信息是分布式存储在各个神经元间相互连接的权值上,少数神经元的损坏只会稍微降低系统的性能,但不会破坏整个系统。人工神经网络可以克服统计等方法的限制,具有处理资料遗漏或者错误的能力。(4)并行性。人工神经网络通过学习训练获取信息并建立模型,在学习训练的过程中,同一层的各个神经元同步学习训练,提高了系统处理问题的能力。(5)自调节性。人工神经网络各个节点的权值可以随着具体任务与情况的变化而修改,从而具有适应环境和保持系统稳定的能力。

与以往的神经网络预警模型相比,本书的优越性还体现在充分考虑了粒子群优化算法和人工神经网络中的 BP 神经网络各自优缺点,结合了这两种算法,建立了我国股票市场的预警系统。BP 神经网络的建立和训练都是通过 Matlab7.0 的神经网络工具箱来实现,编写了 PSO-BP 神经网络程序,从训练样本中拟合了各预警指标与警情的关系,建立了 PSO-BP 人工神经网络预警模型,具有一定的创新性。

另外,20 世纪 90 年代后,国内外学者对人工神经网络在经济管理领域的应用非常感兴趣,并将其在金融市场预测、破产预测、证券市场和债务风险评估等领域的应用进行深入的分析研究。将人工神经网络应用于早期预警系统是在概念和技术上的突破,能解决非线性模型在传统方式中无法处理的问题,同时克服了诸如缺乏自我适用、低效率及无效等困难,这为早期预警的实践适用奠定了基础。从现有文献来看,人工神经网络在经济管理安全预警领域的应用主要包括经济衰退预测、市场趋势预测、银行与企业危机预测等方面。

5.1.1　经济衰退预测

Qi(2001)认为商业周期是不对称的,并且不能被线性常参数单指数模型充分解释,故基于人工神经网络利用先行指标预测美国衰退,同时检验了各经济金融指标在利用神经网络预测中的相关性。他使用人工神经网络迴归模拟先行指标与未来美国衰退的可能性之间的关系,利用国家经济研究局公布的衰退时期用来定义因变量,即经济衰退为 1,否则为 0。整个样本总共 112 组数据,包括 1967 年第二季度到 1995 年第一季度的季度数据,其中包括 18 次衰退,预测样本从 1972 年第一季度到 1995 年第一季度,总共 93 个预测样本,包括 14 次衰退。Qi 的研究先用 1967 年第二季度到 1971 年第四季度的数据训练神经网络,再用训练好的神经网络预测 1972 年第一季度的经济或者 1972 年第二季度的经济,此后 1972 年第一季度的数据被加入训练样本,用 1967 年第二季度到 1972 年第一季度的数据训练神经网络,再用训练好的神经网络预测

1972 年第二季度或者第三季度的经济,依此类推,直到 1995 年第一季度。实证结果表明,通过神经网络,利差、部分商业先行指标、股票沃森指数和标准普尔 500 指数在预测美国衰退中是有效的。另外,Qi 研究的最初目的也是研究哪些经济或金融变量在通过神经网络预测经济衰退是有效的,因此引入了 27 个变量(包括 4 个利率和利差变量、3 个股票价格指数、8 个货币总量、9 个独立的宏观指标和 3 个领先指标),实证研究发现,当预测样本周期被分成三段时,先行指标的相关性随着时间改变。

在国内,赵会(2000)把人工神经网络引入辽宁省地区宏观经济预测中。作者分别选取了预测第一产业、第二产业、第三产业、固定资产投资、进出口、地方财政收入的指标及其历史数据,把这些数据转化为(0,1)之间的数据,再用人工神经网络对其进行学习,并预测出下一年的结果,重复这个过程,得出逐年的预测结果,对比预测结果和实际值发现,两者的相对误差低于 5%,预测结果较好,体现了人工神经网络在经济预测中的优越性。另外,刘国宏(2005)建立了基于人工神经网络的经济预测模型,该模型的主要思想为:用人工神经网络算法模拟国民经济产出函数,基于人工神经网络时间序列模型算出资本 K、劳动力人数 L 和人力资本 H 的预测值,最后用国民经济产出函数、K、L 和 H 算出国民经济预测值。实证结果表明,用人工神经网络进行经济预测是有效可行的,其预测结果对于经济决策有较大的参考价值。

5.1.2　市场趋势预测

在市场趋势预测中,管理者通常依赖于判别分析法或者其他类似的定量分析手段,为了得到更加准确的结果,一些智能计算模型如专家系统等被开发应用,但用得较少。相比之下,前者使用困难,而且不太可靠,后者可能会更可靠,但需要相当多的时间用于建模。通过一系列的研究发现,对于许多市场趋势预测问题,通过人工神经网络不但能得到较准确的结果,而且易于建模。Aiken 和 Bsat(1999)把人工神经网络应用于房地产评估(real estate assessment)、贷款申请评价(credit application evaluation)和国库券(treasury bill)利率预测,在房地产评估的实证中,人工神经网络考虑了包括价格、城市区域、居住类型、房间数目、房屋总面积等 33 种影响因素,预测结果误差仅为 0.5%;在贷款申请的实证中,研究数据来自于当地一家银行的 114 个贷款申请,人工神经网络的预测结果准确率能够达到 92%;在国库券利率预测的实证中,人工神经网络的预测误差在 1985—1994 年期间仅为 0.18%,在 1974—1994 年期间仅为 0.20%。

从以上的预测结果可以看出,人工神经网络预测精度高,而且易于使用,是多种预测问题的强有力工具。在国内,杨雪(2005)建立了基于人工神经网络的中国货币需求模型,并据其对中国货币需求进行了预测,该模型的主要思想为:先对人工神经网络模型一进行训练,并由其求出 GDP、股票市值、外汇储备和一年定期存款利率预测值,再分别把该预测值作为人工神经网络模型二和模型三的输入值,结合其他的指标变量值共同预测出狭义货币 M_1 和 货币 M_2。实证结果表明,人工神经网络模型对狭义货币 M_1 和广义货币 M_2 均具有较高的预测精度。

王建新(2005)把人工神经网络模型引入到房地产预警中,选择了商品房价格增长率、商品房价格增长率/人均可支配收入增长率、商品房价格增长率/地区生产总值增长率作为警情指标,分别用主成分分析法和层次分析法确定警情指标的权重,并对两种结果进行综合,最终确定了深圳市房地产市场警情指标的最终权重;在警情的确认上是通过定性定量相结合的方法,定性方法是把警情指标数据进行正态归一化处理,对单指标处于 $(-\infty,1)$ 的警度赋值为 1(即冷),处于 $[-1,1]$ 的警度赋值为 2(即正常),处于 $[1,+\infty]$ 的警度赋值为 3(即热),对各警情指标分值加权综合,得到综合警值,同时通过专家问卷法得出定性警值,定量警值的权重取 0.75,定性警值的权重取 0.25,加权得到综合警值。综合警值处于 $[1,1.5]$ 时,市场较冷,$[1.5,2.5]$ 时市场正常,$[2.5,3]$ 时市场较热。同时从反映房地产市场发展速度、反映房地产市场与国民经济及相关产业的协调关系、反映房地产内部协调关系三个角度选取了 11 个警兆指标。采用三层 BP 神经网络结构,所有警情指标归一化到 $[-1,1]$ 后作为神经网络的输入指标,输出层对应的是警情指标下一年的深圳市警情,对预警模型进行训练和预测。实证结果表明,人工神经网络模型具有很好的预测能力,可以作为深圳市房地产市场的预警模型。

5.1.3 银行与企业危机预测

Tam 和 Kiang(1992)引进了神经网络到商业研究中做判别分析,并将其与与线性分类法、Logistic 回归、KNN 和 ID3 方法等方法进行了比较。他们选取了 1985—1987 在德克萨斯州失败的银行,同时每一家失败的银行按照资产规模、分支机构数、存在年限和章程地位配对了一家正常经营的银行,最终在每个周期有 118 家银行(包括 59 家失败银行和 59 家非失败银行)作为训练样本。变量的选择严格按照联邦存款保险公司的 CAMEL 标准,每家银行使用先前学者研究中已广泛使用过的 19 个财务比率进行描述,这些财务比率可分别代表银行资本充足率、资产质量、银行收益率和流动性四类。在实证过程中,所有的样本分为两组,第一组为非失败银行,第二组为失败银行,定义一类错误为把失败银行错误地判定为了非失败银行,二类错误为把非失败银行定义为了失败银行。在模型的拟合或者训练过程中,对于一年期的周期,有 10 个隐含层节点的神经网络具有较低的一类错误和最低的总误判率,其次在这些指标上较低的分别是 Logit、ID3、无隐含层的神经网络、DA、1NN 和 3NN;在两年期的周期中,DA 是最好的分类器,具有最低的二类错误和总误判率,其次分别是拥有十个隐含层节点的神经网络、ID3、Net0、Logit、1NN 和 3NN。考虑到基于训练样本的误判率往往被高估且需要进一步验证,作者分别将每一种方法的预测准确率用预测样本进行验证。在一年的周期中,预测样本包括 44 家银行(22 家失败银行和 22 家非失败银行),在两年的周期中,预测样本包括 40 家银行(20 家失败银行和 20 家非失败银行),预测检验结果表明,对于一年周期,隐含层有 10 个节点的神经网络是最好的分类器,拥有最低的二类错误和误判率,其次分别是 DA、无隐含层的神经网络、Logit、ID3、1NN 和 3NN;对于两年周期,Logit 模型有最低的二类错误和总误差,其次分别是拥有十个隐含层节点的神经网络、无隐含层的神经网络、DA、3NN、ID3 和 1NN。此外,在模型的稳定性方面,DA 和 Logit 模型在两个测试中都是不稳定的,其他方法相对稳定,拥有十个隐含层节点的神经网络稳定性最高,其次分别是无隐含层的神经网络、ID3 和 KNN(K 为 1 或 3)。综上,人工神经网络比 DA 模型、Logit 模型、KNN 模型和 ID3 模型具有更高的预测准确性,其在准确性和适应性等方面是很有效的预测银行是否失败的方法。

Odom 和 Sharda(1990)将人工神经网络运用于企业危机预警,并在这方面取得了突出的成就。Odem 和 Sharda(1990)取了 1975—1982 年的 65 家失败企业作为样本,并配对了 64 家正常企业样本,把总样本分为训练样本和保留样本,选用 Altman(1968)Z 计分模型中的 5 个财务比率指标建立了人工神经网络模型,对网络进行训练,并用训练好的网络进行预测。研究结果发现,训练样本的预测准确率高达 100%,保留样本的预测准确度也高达 80% 左右,这显示了人工神经网络的强大预测能力。Coats 和 Fant(1993)选用了 1970—1989 年间的 84 家破产公司和 188 家正常公司作为样本,用 Altman 的 Z 计分模型中的变量建立了类神经网络模型和判别分析模型。研究发现在失败公司的预测准确率上,类神经网络比判别分析模型高;在正常公司的预测准确率上,判别分析模型比类人工神经网络模型高;考虑到 Ⅰ 类错误率成本远高于 Ⅱ 类错误率成本,作者认为类人工神经网络模型优于判别分析模型。

5.1.4 贷款风险评估

在研究的早期,人工神经网络模型在预警领域的应用被极大地忽视了,尤其是在银行贷款方面,因此研究人工神经网络(ANN)在贷款风险评估方面的应用是极其重要的。商业银行贷款风险的早期预警制度是一项将已确定的风险形式进行分类的制度,这些风险形式是由警告先兆、警告情形、警告等级等功能性关系所决定的。一个理想的程序能进一步评价这些因素,可以将基于错误信号错误导向的征兆区别于警示性的有现实意义的先兆。在这种类型的处理过程中,可以适用人工神经网络(ANN),并且在发展商业银行贷款早期预警制度时,运用 ANN 方法是非常合适的。Yang 等(2001)研究了人工神经网络在审查商业贷款风险的适用,就早期预警制度的知识获取、知识表述和以知识为基础的论证过程等问题进行讨论,通过 BP 模型的构建以及相关案例来阐述如何设计该种决策工具方法。网络的输入指标为由反映贷款的风险特征的变量和连续变量组成,输出指标为贷款风险,如果贷款风险是正常的,则输出为(0,1),如果贷款风险过度,则输出为(1,0)。从实证结果可以知道,相对于早期预警制度,该系统在评价结果的有效性方面更容易为人所理解,在风险特征提取方面也更加的实用。人工神经网络方法为商业银行贷款风险早期预警提供了一项极好的工具。

5.1.5 证券市场预测

Malliaris(1994)使用人工神经网络模拟标准普尔 500 的走势,选择的指标有标准普尔 500 收盘价、3 月短期国库券利率、30 年国债利率、每周纽约股市换手率、M_1 货币供应量、M_2 货币供应量、市盈率、金价、原油价格和芝加哥期权交易所要价/报价比率,选取 1989 和 1990 年两年的前述指标每周五数据,其中 S&P 500 收盘价为输出节点,其他为输入节点,用 Brainmaker 的遗传训练方法确定两个隐含层,其中第一个隐含层 24 个节点,第二个隐含层 8 个节点。为了使用交叉验证,数据被分为完全无关的十组,每组数据分别作为检测集而其他的数据作为人工神经网络的训练集,每个训练集和检测集都产生了一个误差,十组数据的误差平均值是真实误差的无偏估计值。结果显示人工神经网络的实证结果比随机游走模型的结果更好。这些结论支持了市场中存在统计特征这一观点,也间接说明人工神经网络具有较好的预测能力。

　　Yu(1999)用人工神经网络模型对新加坡日经股票指数进行预测并套汇。人工神经网络选用了基本滞后六周期(the basis lagged six period)、期货价格与指数的 RSI 方差(differential)、期货价格与指数的 MACD 方差、基础(basis)的改变、基础的 RSI 与 MACD 等六项指标作为输入变量,选择由实际期货价格与相应理论价格的方差估计出的每日基准(basis)作为输出变量,隐含层四个节点。实证结果表明,人工神经网络对 1995 年和 1996 年预测的均方根误差分别为 2.51 和 2.47,平均百分比误差(mean average percentage error)分别为 2.33和 2.29,而 ARIMA 模型分别为 6.73 和 9.36,5.96 和 8.52,这说明人工神经网络的预测能力比 ARIMA 模型强。

　　Baba 和 Kozaki(1992)用人工神经网络模型预测日本股市价格。模型把修正的 BP 算法和随机的最优化算法结合起来,分别对股价呈上升趋势的公司和股价呈下降趋势的公司的数据进行人工神经网络训练,得出人工神经网络的系统参数并对未来股价进行预测,实证结果表明该人工神经网络模型对股价预测很有效。

　　Roman 和 Jameel(1996)使用反馈型神经网络和链型神经网络分析多个股票市场收益以选择最佳的投资市场,并对两种网络的股票市场收益预测结果进行了对比,其中,反馈型网络使用梯度下降方法学习空间关系,链型神经网络能够通过训练数据抓住时间空间关系。两种网络实证结果都表明香港市场是最佳的投资市场,这说明该模型可用来对真实市场进行投资选择。

　　在国内,刘永福(2003)采用了时间序列 AR(1)模型和人工神经网络两种方法对上海股市进行了预测,实证结果表明两种预测方法的预测结果与实际值均较为接近,与实际值的差距也基本相同,但 AR(1)模型均方误差、泰尔不等系数、平均相对误差和平均绝对误差四项指标的值均大于人工神经网络模型中的相应值,这说明 AR(1)的预测能力比人工神经网络模型差;AR(1)模型的偏差比值较人工神经网络模型大,这说明人工神经网络模型预测值与实际值的偏离度比 AR(1)模型小,预测能力较好;AR(1)模型的方差比小于人工神经网络模型,说明 AR(1)模型的预测方差与实际方差的偏离程度小于人工神经网络模型;AR(1)模型的协方差比大于人工神经网络模型,说明人工神经网络模型的系统误差相对较小。综合各项指标,可以发现人工神经网络模型的预测能力强于 AR(1)模型。

5.1.6 金融资产现金流、金融工具风险预测

现金流是金融资产的一个重要方面,对其进行研究和预测具有重大的意义。Donaldson 和 Kamstra(1996)建立了非线性的 ARMA-ARCH-ANN 模型去预测金融资产的未来现金流,并用现金流的现值计算金融资产的基本价格。他们首先使用 1920 年前的股息数据为折扣股息增长时间序列行为建立了非线性 ARMA-ARCH 模型,接着在 Monte Carlo 实验中用样本内数据现在的模型去预测样本外 10000 个不同的模拟经济体未来的折扣股息增长,并用这些经济体的股息流的现值去得到 10000 个不同的可能的价格,最后用横截方法得到资产未来现金流的折扣现值,即基本价格。实证结果表明,该模型能产生一个基本序列,该序列从 1920 年 S&P 市场价格开始增长,并与 S&P 市场价格同时达到最大值,接着在 1930 年前期随市场价格下降。

黄颖利(2005)以衍生金融工具风险实时披露和预警为研究对象,把金融风险管理和风险控制问题联系起来,分析了衍生金融工具交易及其风险对企业资金及其运动的影响,构建了衍生金融工具风险信息实时披露与预警的理论框架,阐述了风险导向型情况下衍生金融工具的信息披露机制,最后应用人工神经网络对风险进行预警。本作者结合巴塞尔协议对衍生金融工具风险的分类选择负债率等 12 个指标作为人工神经网络的输入,选取了四个输出节点,用[1000]代表正常状态,[0100]代表低风险警戒,[0010]代表中度风险警戒,[0001]代表高度风险警戒,用数据对人工神经网络进行训练,训练结果较为理想;然后用中国航油(新加坡)股份有限公司 2004 年 11 月与 12 月的衍生品交易数据对模型进行检测,检测结果表明其处于高度风险警戒状态,证明模型实用性较好。

5.2 基于粒子群 BP 神经网络预警方法的基本原理

粒子群优化算法是一种优秀的全局优化算法,具有收敛速度快、容易实现等优点,但在全局最优值附近粒子群丧失多样性。BP 人工神经网络具有较好的自组织、自学习、容错和模拟非线性关系的能力,但基于梯度下降的 BP 算法具有收敛速度慢、容易陷入局部极值的缺点。考虑到粒子群优化算法优秀的全

局搜索特性和 BP 人工神经网络算法快速的局部搜索能力,我们创造性地将粒子群优化算法和人工神经网络中的 BP 神经网络两个算法有效结合起来发挥两个算法的优势,从而有效提高模型的分析能力,建立我国股市的预警系统。

5.2.1　粒子群优化算法原理

粒子群优化(Partical Swarm Optimization,PSO) 算法[①]是一种随机全局优化算法,通过粒子间的相互作用寻找复杂空间中的最优区域。PSO 算法最早是在 1995 年由 Eberhart 和 Kennedy 提出,其优势在于简单容易实现、精度高、收敛快,又具有深刻的智能背景,自其提出以来得到了计算演化等领域学者的广泛关注,并被广泛应用于电力系统、机械设计与制造、计算机等领域,但在经济领域使用较少,希望本研究具有抛砖引玉的作用。

PSO 算法是进化算法(Evolutionary Algorithm)的一种,其思想起源于对鸟类捕食行为的研究。设想这样一种情况:一群鸟在一个区域内随机寻找食物,在该区域内只有一块食物,每只鸟都知道自己与食物的距离,但是不知道食物的具体位置,那么寻找食物最简便快捷的方法就是寻找距离食物最近的那只鸟的周围区域。

PSO 算法从这种模型中得到启示并运用于解决优化问题:每个优化问题的潜在解是搜索空间中的一只鸟,称之为"粒子";每个粒子都有由被优化的函数确定的适应值(fitness value),也有一个速度确定其运动的方向和距离;每个粒子追随空间中的最优粒子来进行搜索,通过以下信息改变自己的位置:(1)粒子自身当前位置;(2)粒子自身当前速度;(3)粒子当前位置与自身找到的最优位置之间的距离;(4)粒子当前位置与群体当前找到的最优位置之间的距离。PSO 初始化为一群随机粒子(随机解),然后通过无数次迭代来寻找空间中的最优解。在每一次迭代中,每个粒子通过跟随两个"极值"来更新自己:一个极值是粒子自身找到的最优解,称之为个体极值 pbest;一个极值是整个种群找到的最优解 gbest,称之为种群极值。在搜索过程中,粒子通过以下两个公式来更新自己的速度和位置:

$$v[\ ]=v[\ ]c1 * rand() * (pbest[\ ]-present[\ ])+c2 * rand() * (gbest[\ ]-present[\ ]) \tag{5.1}$$

$$present[\ ]=present[\ ]+v[\ ] \tag{5.2}$$

[①]　主要参考田雨波.混合神经网络技术[M].北京:科学出版社,2009.148−150.

$v[\ ]$为粒子的速度,$present[\ ]$为粒子当前位置,$c1$ 和 $c2$ 为学习因子,通常取为 2,$rand()$为取 $0\sim1$ 之间的随机函数。

粒子群优化算法具有优秀的全局搜索功能,有便于实现、易于描述、需要调整的参数少、收敛速度快等功能,但是在接近或者进入最优点区域时结果的改进不太理想,这主要是因为算法收敛到局部极小,缺乏逃离极小点的有效机制。

5.2.2 人工神经网络概况与原理

人工神经网络(Artificial Neural Network,ANN)是在认识人脑结构和运行机制的基础上,模拟其结构和运行机制形成的由大量处理单元相互连接组成的信息处理系统。人工神经网络是对大脑神经网络系统的一种描述,由很多简单的处理单元(神经元)按照某种方式连接而成,通过其状态对外部的输入信息进行处理。简单来说,人工神经网络是一种数学模型,是人工智能的一种研究方法,可以通过电子线路来实现,也可以通过编程实现。

人工神经网络的研究起源于 1800 年,Frued 在其精神学分析时期做了一些关于人工神经网络系统的研究。1943 年,美国心理学家 McCulloch 和数学家 Pitts 共同开创了对人工神经网络的理论研究,提出了神经元的数学模型(MP模型)。1949 年,心理学家 Hebb 提出人工神经网络学习机理"突出修正假设"。1957 年,Rosenblatt 制作了感知器,将人工神经网络的研究从理论阶段转入过程实现阶段,由此开始了世界各国研究人工神经网络的高潮。目前人工神经网络已在模式识别、信号处理、组织优化、故障诊断、预测估计和经济管理等领域得到了广泛的应用。

一、生物神经元与人工神经元

人脑是个复杂的信息并行加工处理系统,神经元是人脑最基本的组成单元,也是构成神经系统的基本单元,能够接收和加工处理信息。生物神经元由树突、细胞体、轴突和突触组成,其中树突是生物神经元的输入端,接受其他神经元传递来的信息;细胞体是生物神经元的主体,是生物神经元新陈代谢的中心,负责接收和处理其他神经元传递来的信息;轴突相当于生物神经元的输出端,生物神经元通过轴突向其他神经元传递信息;突触连接生物神经元的轴突与其他神经元的树突,实现信息的传递。

人工神经元是对生物神经元的模拟和逼近,经过对生物神经元进行抽象,可以得到如图 5.1 的人工神经元模型。

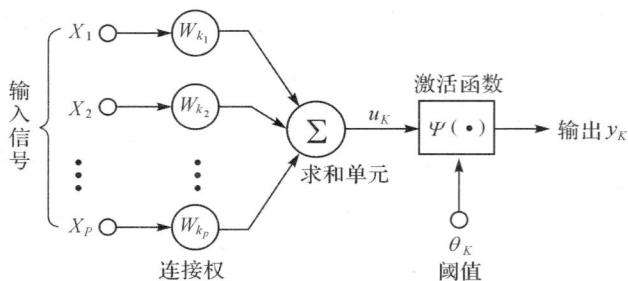

图 5.1　人工神经元模型

连接权相当于生物神经元的突触,连接权的权值大小决定了各个人工神经元的连接强度,正的连接权值表示激活,负的连接权值表示抑制。求和单元将各个连接权的输入信号加权求和。激活函数(即传输函数)具有非线性映射的作用,对求和单元的输出信号进行加工处理,并通过输出端将处理后的信息传递给其他神经元。

二、人工神经网络的操作过程和基本功能[①]

人工神经网络的操作有训练学习和正常操作两个过程。在训练学习过程中,把要教给网络的知识(外部输入)作为网络的输入和要求的输出,使网络按照某种规则(训练算法)调节各个人工神经元间的连接权值,直到给定网络输入后就能产生给定的网络输出为止,此时,各个神经元的连接权值已经调节好,网络的学习训练完成。所谓正常操作过程,就是对训练好的网络输入一个信号,网络就能通过计算处理得到相应的输出。

人工神经网络具有联想记忆、非线性映射、分类和识别、优化计算、知识处理等功能。在联想记忆功能方面,人工神经网络通过某种学习机制训练网络,用训练结束后的网络连接权的权值和神经网络结构存储信息,在神经元之间处理信息的集体行为下进行联想记忆。在非线性映射功能方面,现实世界中很多数据变量之间存在着非线性关系,往往难以用传统的数理模型分析各变量间的关系,而人工神经网络可以通过自动学习训练以极高的精度逼近任意复杂的非线性关系。

三、BP 神经网络原理[②]

BP(Back Propagation)神经网络在 1986 年由 D. E. Rumelhart 和 J. L. McClelland

---

① 　主要参考田雨波.混合神经网络技术[M].北京:科学出版社,2009.1—10.

② 　田雨波.混合神经网络技术[M].北京:科学出版社,2009.33—42.

提出,是一种利用误差反向传播训练算法的神经网络,被认为是最适合模拟输入输出关系的 ANN,也是算法最成熟、应用最广泛的 ANN。

BP 算法的基本原理是梯度最速下降法,中心思想是通过调节网络权值使网络的总误差最小,也就是通过梯度搜索技术,使网络的实际输出值和期望输出值的误差均方值最小。BP 神经网络通常由输入层、隐含层和输出层组成,其信息处理包括前向传播和后向学习两个阶段。在前向传播过程中,输入信息从输入层经隐含层逐层计算处理,并传向输出层,每一层神经元只影响下一层神经元的状态。如果在输出层不能得到期望输出,则计算出输出层的误差变化值,将误差信号沿原来的连接通道反向传播,边传播边调整各层神经元的权值,直到误差信号最小。在上一层节点的输出传递到下一层的节点的过程中,可以通过调整连接权系数来达到增强或者削弱这些信息的作用,隐含层和输出层节点的净输入等于上一层节点输出的加权和,每个节点的激活程度由输入信号、激活函数和节点阈值共同决定,输入层的输入和输出是相等的。

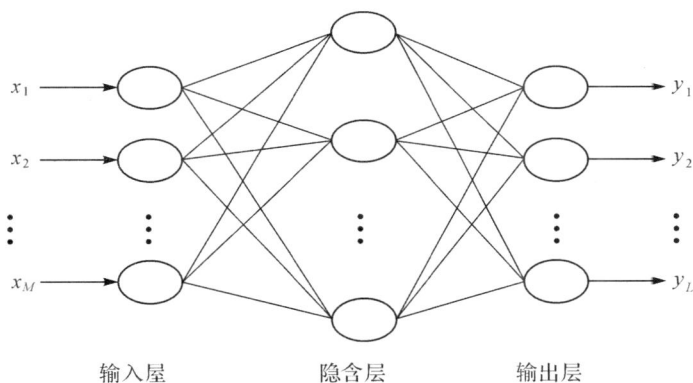

图 5.2　BP 人工神经网络模型

对于一个 $M * Q * L$(只含有输入层、隐含层和输出层各一层,输入层 M 个节点、隐含层 Q 个节点,输出层 L 个节点),隐含层第 i 个神经元的输入为:

$$net_i^p = \sum_{j=1}^M w_{ij}x_j^p - \theta_j \tag{5.3}$$

式中,w_{ij} 为隐含层节点 i 与输出层节点 j 之间的连接权值,x_j^p 为输入节点 j 在样本 p 的作用下的输入,θ_i 为隐含层的节点 i 的阈值。

隐含层的第 i 个神经元输出为:

$$\theta_i^p = g(net_i^p) \tag{5.4}$$

式中 $g()$ 为激活函数。

对于 Sigmiod 激活函数：

$$g(x) = \frac{1}{1 + \exp[(-x + \theta_1)/\theta_0]} \tag{5.5}$$

输出层第 k 个神经元的总输入为：

$$net_k^p = \sum_{i=1}^{q} w_{ki} o_i^p - \theta_k \tag{5.6}$$

式中，w_{ki} 为隐含层节点 i 与输出层节点 j 之间的连接权值，θ_k 为输出层节点 k 的阈值。

输出层第 k 个神经元的实际输出为：

$$o_k^p = g(net_k^p) \tag{5.7}$$

系统对所有 N 个训练样本的总误差为：

$$J = \sum_{p=1}^{N} J_p = \frac{1}{2} \sum_{p=1}^{N} \sum_{k=1}^{L} (t_k^p - o_k^p)^2 \tag{5.8}$$

t_k^p 为期望输出，o_k^p 为实际输出。

输出层的任意神经元 k 的加权系数修整公式为：

$$\Delta w_{ki} = \eta o_k^p (1 - o_k^p)(t_k^p - o_k^p) o_i^p \tag{5.9}$$

式中，η 为学习速率，$\eta > 0$。

隐含层的任意神经元 i 的加权系数修整公式为：

$$\Delta w_{ij} = \eta o_i^p (1 - o_i^p)(\sum_{k=1}^{L} \delta_k^p \cdot w_{ki}) o_j^p \tag{5.10}$$

5.2.3　基于粒子群 BP 神经网络的预警模型

考虑到粒子群优化算法优秀的全局搜索特性和 BP 人工神经网络算法快速的局部搜索能力，将两个算法有效结合起来发挥两个算法的优势，可以有效提高模型的分析能力。基于粒子群 BP 神经网络的预警模型流程如图 5.3 所示。

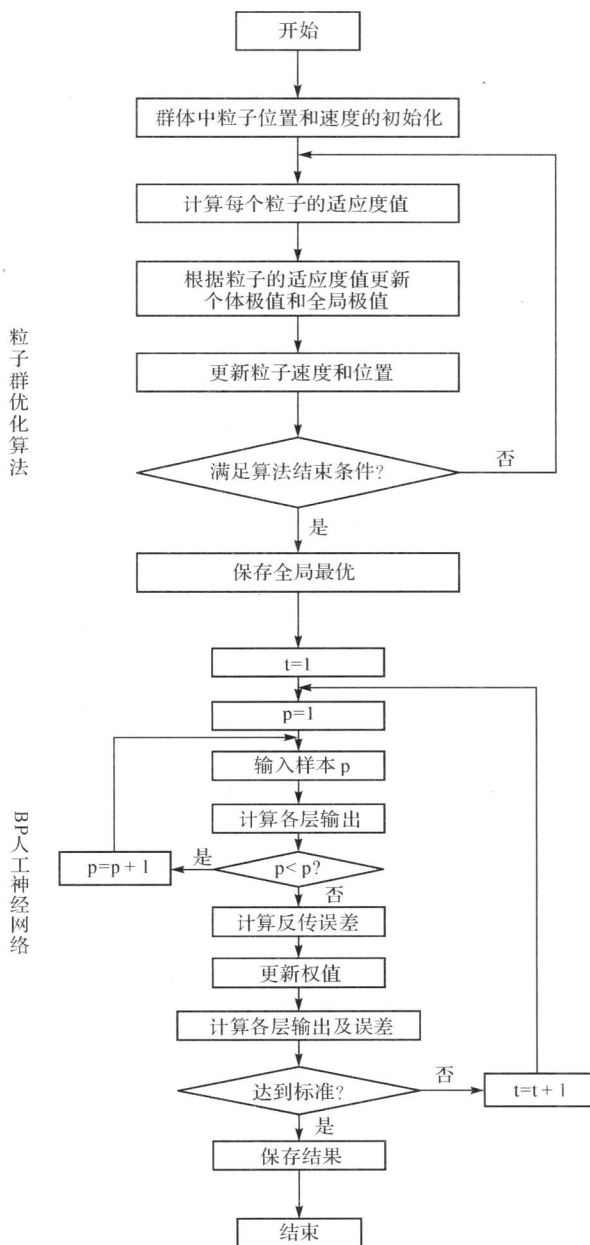

图 5.3　粒子群 BP 神经网络模型流程图

5.3   基于 PSO-BP 神经网络的股市预警模型

5.3.1   指标选择与数据来源

我们从宏观经济、金融机构、国际市场冲击和股票市场四个方面选择了预警指标。其中从宏观经济角度选择了汇率、利率、M_2、CPI、财政赤字、GDP、固定资产投资额七个指标；从金融机构角度选择了存款、存贷利差、房地产价格指数、房地产信贷总额四个指标；从国际市场冲击角度选择了美国股票市场价格指数、英国股票市场价格指数、德国股票市场价格指数、中国香港股票市场价格指数和国际市场石油价格五个指标；从中国股票市场角度选择了上证综合指数、股票日均成交额和 A 股 IPO 金额三个指标。所有的指标均采用月度数据，建立上述 18 个指标和上证综指之间的预警关系。各个指标的数据来源如表5.1所示。

我们选取 18 个预警指标和上证综指 2000 年 6 月到 2009 年 6 月的月数据，总共 109 组数据，其中部分月（t 月）的预警指标和相应下一月（$t+1$ 月）的上证综指组成训练样本组，用来训练人工神经网络，建立人工神经网络专家系统；部分月（k 月）的预警指标和相应下一月（$k+1$ 月）的上证综指组成预测样本组，用来检测已建立的人工神经网络的预警能力。

表 5.1   预警系统指标及其数据来源

层次	输入指标	数据来源及说明
宏观经济	汇率	USD 均价，来自 Wind 资讯
	利率	7 天同业拆借利率均价，来自 Wind 资讯
	M_2	M_2 期末余额，Wind 资讯
	CPI	CPI 定基指数由 CPI 环比指数和 CPI 环比增速计算得到，以 1993 年 2 月为基期 100，CPI 环比指数和环比增速来自《中国经济景气月报》各期
	财政赤字	财政盈余（赤字）来自 Wind 资讯，2004、2005、2006 和 2007 年 12 月的数据没有，分别用当年 11 月的数据代替
	GDP	GDP 数据来自 Wind 资讯，并用 eviews 的频率转换法由季度数据转为月度数据
	固定资产投资额	来自 Wind 资讯，每年 1 月的数据没有，用每年 2 月的数据代替

续表

层次	输入指标	数据来源及说明
金融机构	存款	来自 Wind 资讯
	存贷利差	1 年期存贷利差,由 1 年期存款利率和 1 年期贷款利率计算得到,1 年期存贷款利率来自 Wind 资讯
	房地产价格指数	全国房地产销售价格指数来自 Wind 资讯,并用 eviews 的频率转换法由季度数据转为月度数据
	房地产信贷总额	房地产信贷额来自 Wind 资讯
国际市场冲击	美国股票市场价格指数 DJI	股指数据来自雅虎财经,由日数据求平均得到月平均数,国际市场石油价格来自美国能源署,由周数据取平均得到月数据
	英国股票市场价格指数 FTSE	
	德国股票市场价格指数 DAX	
	中国香港股票市场价格指数 HIS	
	国际市场石油价格	
股票市场	成交额	股票日均成交金额来自 Wind 资讯
	IPO	A 股 IPO 金额来自 Wind 资讯
输出指标		数据来源及说明
上证综合指数 SSE		股价指数来自 Wind 资讯

总样本各指标的描述性统计分析结果如表 5.2 所示。

表 5.2　各指标的描述性统计分析表

	汇率	利率(%)	M_2(亿元)	CPI 指数	GDF(亿元)
均值	7.93	2.31	278079.80	156.26	35321.48
中位数	8.28	2.31	253207.70	154.24	30998.24
最大值	8.28	4.75	568947.90	177.95	106105.70
最小值	6.82	0.99	129353.40	142.33	5601.01
标准差	0.51	0.62	115613.90	10.67	22540.33
偏度	−1.29	0.53	0.61	0.69	1.06
峰度	3.12	4.74	2.39	2.19	3.75

续表

	财政赤字（亿元）	固定资产投资额（亿元）	存款（亿元）	存贷利差（%）	房地产价格指数
均值	118.876722.11	268056.50	3.40	35.06	
中位数	151.85	5718.04	240525.10	3.33	35.03
最大值	4382.50	24578.03	566321.60	3.60	37.01
最小值	−13353.00	1130.73	117155.10	3.06	32.87
标准差	1721.10	4631.73	118247.00	0.16	1.10
偏度	−4.34	1.18	0.59	−0.23	0.10
峰度	36.19	4.42	2.38	2.58	2.23
	房地产信贷总额（亿元）	DJI	FTSE	DAX	HIS
均值	432.43	10500.55	5215.95	5231.19	15231.78
中位数	307.24	10500.95	5231.71	4951.82	13995.50
最大值	1674.21	13901.28	6599.27	7950.70	29078.79
最小值	75.46	7235.48	3637.91	2491.05	8635.49
标准差	347.23	1492.35	869.09	1428.74	4680.79
偏度	1.78	0.20	−0.06	0.13	0.99
峰度	6.28	2.68	1.70	2.01	3.46
	国际市场石油价格指数	股票日均成交额（亿元）	A股IPO金额（亿元）	上证综合指数SSE	
均值	46.65	564.25	90.06	2078.14	
中位数	39.32	215.26	31.67	1687.19	
最大值	133.52	3274.70	823.27	5774.70	
最小值	17.37	63.30	0.00	1042.18	
标准差	25.70	715.25	157.73	1045.36	
偏度	1.30	1.71	2.97	1.85	
峰度	4.39	5.00	12.27	5.81	

5.3.2　人工神经网络的训练和预测

一、构建人工神经网络模型结构

根据人工神经网络的特点，输入层神经元的个数由输入变量的个数决定，输出层神经元的个数由输出变量个数决定。本研究的PSO-BP人工神经网络采用三层人工神经网络结构,即包含输入层、隐含层、输出层各一层,输入变量 18 个,输出变量 1 个(即上证综指 SSE),故神经网络输入层节点 18 个,输出层节点 1 个,参考经验值且经多次网络训练隐含层节点取值 35,形成了 18×35×1 的人工神经网络结构来拟合资料数据。隐含层传输函数使用 tansig 函数,输出层函数采用 purelin 函数(即线性函数),这使网络能够以任意精度逼近任意的线性或者非线性关系。

二、数据处理

考虑到选择的预警指标有公司财务指标,也有反映我国企业外贸环境和国际经济环境的指标,各指标的数值相差较大,并且具有不同的量纲。为了更好地进行 PSO-BP 神经网络的训练,同时去掉不同指标之间量纲的影响,在建立神经网络之前先对数据进行归一化处理,转化为闭区间[−1,1]上的无量纲指标值,归一化公式如下:

$$x'_{ij} = 2 \times \frac{x_{ij} - x_{min}}{x_{max} - x_{min}} - 1 \tag{5.11}$$

式中,x_{ij} 为变量 x_i 的第 j 个值,x_{max} 为变量 x_i 的最大值,x_{min} 为变量 的最小值,x'_{ij} 为 x_{ij} 归一化后的值。

三、网络的训练与预测

用 Matlab 语言编写了 PSO-BP 人工神经网络模型,程序流程图如第 5.2.3 节所示,设置粒子群优化算法参数为:种群数目 30、进化代数 500、学习因子 c1 和 c2 均为 2。设置 BP 人工神经网络结构参数为:训练步数 5000,训练步长 50。选取 18 个预警指标和上证综指 2000 年 6 月到 2009 年 6 月的月数据,考虑到股市对国内外政策、国内外经济形势、公司经营状况、自然灾害与金融危机等影响因素做出较快的反应,故我们把某一月(t 月)的预警指标和相应下一月($t+1$ 月)的上证综指作为一组样本,即建立 t 月的预警指标与 $t+1$ 月的上证综指之间的内在关系,最终达到可用 t 月的预警指标预测 $t+1$ 月的上证综指走势的目的,最终进行危机判断。另外,考虑到数据要分为训练样本和预测样本,若按照时间顺序选择和分割(即把 2000 年 6 月至 2009 年 6 月的数据从某一处划分为两段,前半段为训练样本,后半段为预测样本),则神经网络将只能学习到前半段的知识,不能学习到后半段最新的数据知识,就不能用最新的知识进行预测;同时,若选择某一个区间的数据训练网络,神经网络容易将区间内股市对政府政策的一些过激反应,或者股市投机行为等当成股市的内在关系,对建立准确的预警网络不利。因此,为了避免这种情况出现,我们将偶数月的预警指标和对应月的上证综指组成训练样本组,用来训练人工神经网络,建立人工神经网络专家系统;将奇数月的预警指标和对应的上证综指组成预测样本,用来检验网络的预警能力。

用训练样本进行 PSO-BP 神经网络训练时,使神经网络尽可能全面地拟合预警指标和上证综指 SSE 之间的关系。训练后,由图 5.4 可知,训练后的神经网络专家系统得出的上证综指 SSE 值与实际值基本一致,且绝大部分样本误差在2.5%以内,网络较好地反映了预警指标和上证综指间的内在关系。

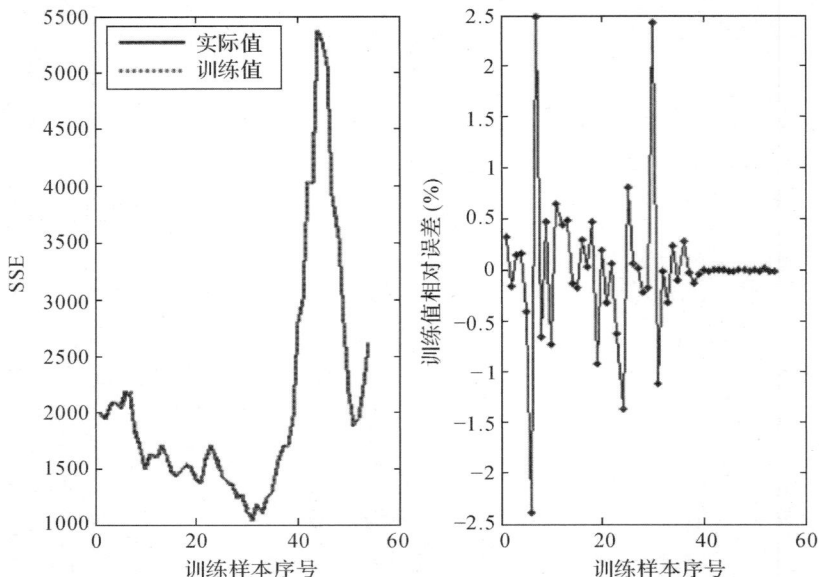

图 5.4　PSO-BP 神经网络训练结果和相对误差

将预测样本作为 PSO-BP 神经网络的预测集,用来检验训练后的神经网络预测能力。用训练后的神经网络对预测样本的 SSE 值进行预测,得到的结果如图5.5所示。从图中可见,预测值与实际值存在一定的差异,这意味着当神经网络对训练样本进行过度拟合时,虽然网络全面反映了训练样本中预警指标和上证综指间的关系,但是网络对于其他的样本失去了泛化能力,不能较好地进行新样本的预测。

为使网络对输入有一定的容错能力,同时提高网络的泛化能力,用训练样本训练神经网络的时候,给训练样本加一个微小的扰动(即噪声),使原值有微小的偏移,但是基本不变,再训练神经网络,用神经网络拟合预警指标和上证综指 SSE 间的关系。训练后,由图 5.6 可知,训练后的神经网络专家系统得出的上证综指 SSE 值与实际值基本一致,且绝大部分样本误差在 5%以内,平均相对误差绝对值为 2.7890%,网络较好地反映了预警指标和上证综指间的内在关系。在训练样本的各个月份中,SSE 实际值、SSE 预测值、实际值与预测值的相对误差如表 5.3 所示。

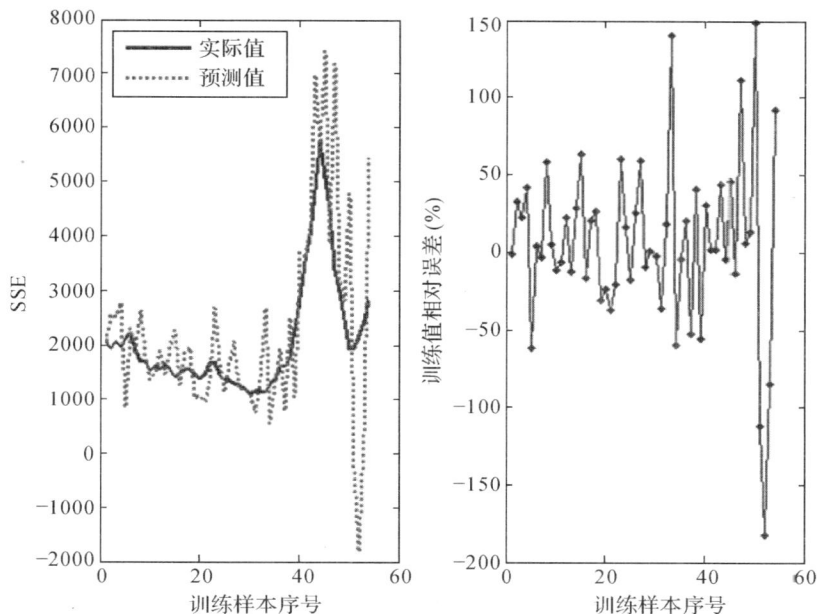

图 5.5　PSO-BP 神经网络预测结果和相对误差

表 5.3　PSO-BP 神经网络训练结果和相对误差

时间	2000-7	2000-9	2000-11	2001-1	2001-3	2001-5	2001-7	2001-9	2001-11
实际值	1975.5	1944.5	2054.7	2080.1	2036.8	2171.1	2138.4	1819.0	1673.9
预测值	2055.0	2068.5	1999.1	2003.3	1989.8	2146.6	2132.6	1794.2	1703.3
相对误差%	4.022	6.381	−2.708	−3.694	−2.309	−1.128	−0.273	−1.362	1.756
时间	2002-1	2002-3	2002-5	2002-7	2002-9	2002-11	2003-1	2003-3	2003-5
实际值	1490.7	1628.1	1596.9	1695.7	1617.8	1464.8	1431.3	1482.8	1539.3
预测值	1470.5	1665.6	1640.6	1663.3	1458.3	1484.2	1599.2	1486.8	1457.2
相对误差%	−1.358	2.307	2.740	−1.909	−9.858	1.324	11.729	0.266	−5.334
时间	2003-7	2003-9	2003-11	2004-1	2004-3	2004-5	2004-7	2004-9	2004-11
实际值	1502.8	1406.2	1360.8	1589.5	1708.4	1566.0	1422.1	1368.9	1343.6
预测值	1519.2	1483.2	1388.7	1482.5	1691.2	1523.0	1414.9	1400.8	1346.7
相对误差%	1.094	5.477	2.052	−6.732	−1.011	−2.747	−0.510	2.327	0.230

续表

时间	2005-1	2005-3	2005-5	2005-7	2005-9	2005-11	2006-1	2006-3	2006-5
实际值	1237.9	1250.8	1106.7	1042.2	1183.1	1101.5	1225.2	1281.7	1569.6
预测值	1247.5	1263.6	1208.2	1111.5	1183.5	1034.4	1361.5	1345.6	1436.7
相对误差%	0.774	1.016	9.175	6.650	0.028	−6.088	11.125	4.986	−8.467
时间	2006-7	2006-9	2006-11	2007-1	2007-3	2007-5	2007-7	2007-9	2007-11
实际值	1687.2	1702.2	1956.0	2800.2	2990.5	4030.8	4016.0	5360.1	5265.6
预测值	1537.0	1771.5	1926.7	2795.7	3014.0	4014.1	4039.8	5364.6	5256.5
相对误差%	−8.899	4.070	−1.498	−0.164	0.788	−0.413	0.591	0.083	−0.174
时间	2008-1	2008-3	2008-5	2008-7	2008-9	2008-11	2009-1	2009-3	2009-5
实际值	5055.3	3915.3	3551.7	2802.2	2164.1	1876.0	1936.9	2228.2	2617.2
预测值	5064.0	3894.0	3553.1	2782.7	2185.6	1880.1	1940.2	2230.4	2616.0
相对误差%	0.171	−0.546	0.039	−0.694	0.993	0.219	0.173	0.099	−0.047

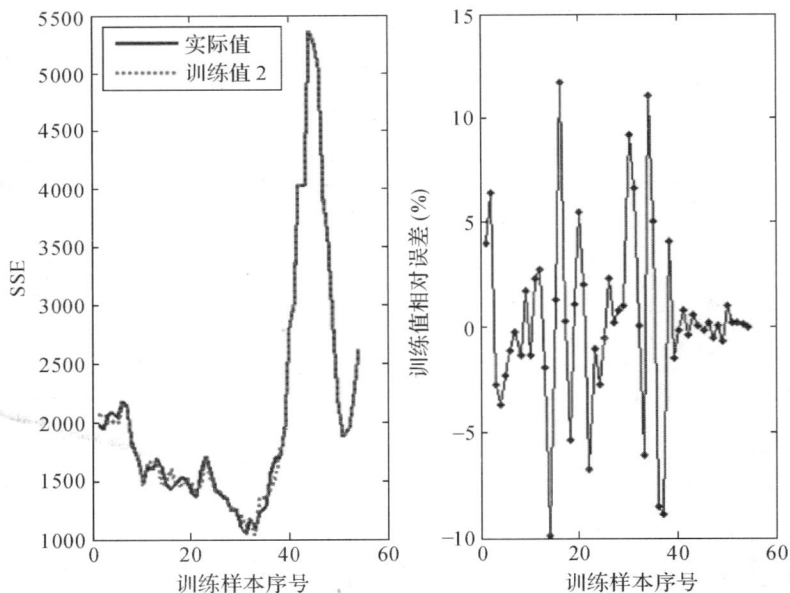

图 5.6　基于微小扰动的 PSO-BP 神经网络训练结果和相对误差

　　在上述训练结果的基础之上,将预测样本作为 PSO-BP 神经网络的预测集,用来检验训练后的神经网络预测能力,预测得到的结果图 5.7 所示。

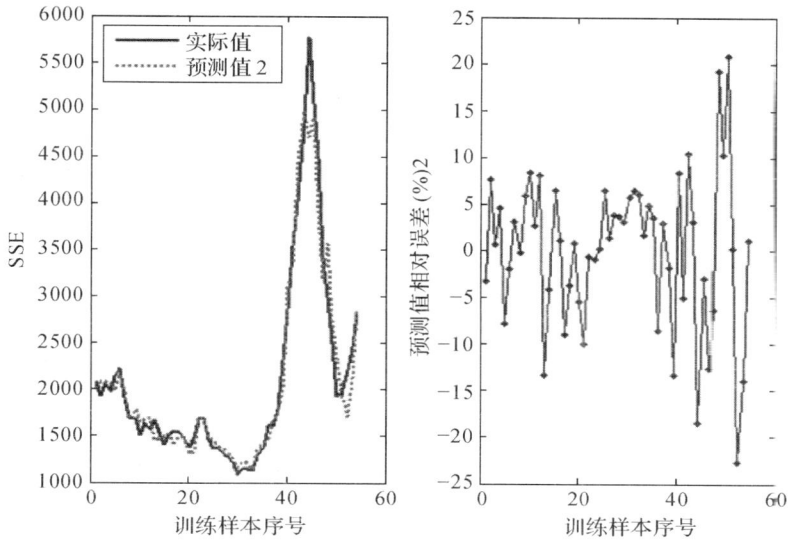

图 5.7 基于微小扰动的 PSO-BP 神经网络预测结果和相对误差

从图 5.7 中可以看到,在加入扰动后,PSO-BP 神经网络能够对预测样本进行很好的预测,上证综合指数 SSE 预测值和实际值的平均相对误差绝对值6.2942%。在预测样本的各个月份中,SSE 实际值、SSE 预测值、实际值与预测值的相对误差如表 5.4 所示。

表 5.4 PSO-BP 神经网络预测结果和相对误差

时间	2000-8	2000-10	2000-12	2001-2	2001-4	2001-6	2001-8	2001-10	2001-12
实际值	2068.2	1933.9	2065.8	1966.4	2135.0	2214.0	1909.0	1687.9	1685.3
预测值	2001.1	2081.3	2080.7	2056.1	1966.6	2171.5	1969.7	1683.7	1784.9
相对误差%	-3.246	7.625	0.721	4.562	-7.888	-1.920	3.181	-0.249	5.909
时间	2002-2	2002-4	2002-6	2002-8	2002-10	2002-12	2003-2	2003-4	2003-6
实际值	1510.7	1636.7	1562.8	1660.7	1539.0	1402.9	1501.1	1549.8	1539.8
预测值	1637.4	1681.7	1688.8	1439.5	1474.9	1494.0	1518.5	1410.0	1482.8
相对误差%	8.386	2.752	8.064	-13.323	-4.165	6.494	1.162	-9.021	-3.697
时间	2003-8	2003-10	2003-12	2004-2	2004-4	2004-6	2004-8	2004-10	2004-12
实际值	1455.4	1372.7	1471.4	1681.2	1689.6	1465.9	1360.1	1359.0	1303.4
预测值	1468.1	1297.9	1323.2	1670.9	1672.9	1469.2	1447.9	1377.9	1354.3
相对误差%	0.872	-5.446	-10.071	-0.613	-0.989	0.227	6.455	1.389	3.913

续表

时间	2005-2	2005-4	2005-6	2005-8	2005-10	2005-12	2006-2	2006-4	2006-6
实际值	1274.1	1199.6	1084.9	1151.3	1135.4	1125.5	1280.6	1374.6	1610.2
预测值	1320.7	1236.8	1147.8	1226.3	1204.3	1144.0	1343.7	1423.9	1473.5
相对误差%	3.662	3.106	5.797	6.522	6.063	1.646	4.927	3.586	−8.492
时间	2006-8	2006-10	2006-12	2007-2	2007-4	2007-6	2007-8	2007-10	2007-12
实际值	1607.1	1783.0	2306.7	2857.6	3537.1	4012.6	4845.7	5774.7	5078.7
预测值	1655.5	1750.2	1997.4	3096.7	3360.5	4432.4	4994.7	4703.3	4929.2
相对误差%	3.012	−1.841	−13.410	8.366	−4.994	10.462	3.077	−18.553	−2.945
时间	2008-2	2008-4	2008-6	2008-8	2008-10	2008-12	2009-2	2009-4	2009-6
实际值	4487.7	3399.5	2995.7	2496.5	1933.8	1950.9	2205.2	2461.8	2830.4
预测值	3919.0	3185.2	3570.1	2753.0	2336.2	1954.1	1705.1	2118.8	2861.0
相对误差%	−12.672	−6.305	19.172	10.277	20.806	0.163	−22.677	−13.936	1.082

表 5.5 显示了分别对训练样本和预测样本的上证综指实际值、预测值和相对误差绝对值进行描述性统计分析的结果。从预测样本的情况来看,最高的相对误差绝对值为 22.68%,最低为 0.163%,平均为 6.29%。我国股票市场存在极大的不确定性,我们建立的上证综合指数预测模型能将预测误差控制在 22.68% 以下,还是具有较高的准确率和一定的有效性。

表 5.5　上证综合指数训练样本与预测样本的描述性统计

	训练样本			预测样本		
	实际值	预测值	相对误差绝对值%	实际值	预测值	相对误差绝对值%
均值	2075.264	2076.421	2.789038	2083.862	2065.723	6.294180
中位数	1691.443	1678.394	1.360187	1683.256	1682.73	4.960781
最大值	5360.102	5364.577	11.72911	5774.698	4994.744	22.67697
最小值	1042.180	1034.432	0.027617	1084.874	1143.982	0.163470
标准差	1050.772	1047.939	3.181036	1059.338	997.0003	5.413406
偏度	1.813852	1.833477	1.312918	1.865634	1.669050	1.291317
峰度	5.567186	5.611113	3.668171	5.924157	4.863995	4.240768

5.3.3 股市安全预警控制信号的区分及预警结构

在第四章中,我们借鉴了银行危机和货币危机的定义方法,采用压力指数的方法来衡量股票价格的波动,从而定义股市危机。由于股市安全主要监控股指大幅下跌的情况,所以我们排除所有股市上涨的月份,用股市下跌时月平均股价变化率平均值和 K 个标准差之和来界定股市危机的分界点。股市危机预警信号的界定步骤如下:

第一,计算每个月的股指波动压力指数 SMP,计算方法为:

$$\text{SMP} = \Delta S / S = \frac{S_t - S_{t-1}}{S_{t-1}} \tag{5.12}$$

其中,S_t 指本月上证综合指数的平均值,S_{t-1} 为上月上证综合指数的平均值。

第二,排除样本区间内所有 SMP 大于零的月份,求出 SMP 小于零的情况下,SMP 绝对值的均值 μ_{SMP} 和标准差 δ_{SMP}。

第三,对于每一个月的股指波动压力指数 SMP,进行下列判断:

当 $\mu_{\text{SMP}} + 1.5\delta_{\text{SMP}} - \text{SMP} \geqslant \mu_{\text{SMP}} + \delta_{\text{SMP}}$ 时,股市处于一级危机状态,用黄灯预警;

当 $\mu_{\text{SMP}} + 2\delta_{\text{SMP}} > -\text{SMP} \geqslant \mu_{\text{SMP}} + 1.5\delta_{\text{SMP}}$ 时,股市处于二级危机状态,用橙灯预警;

当 $-\text{SMP} \geqslant \mu_{\text{SMP}} + 2\delta_{\text{SMP}}$ 时,股市处于三级危机状态,用红灯预警。

经计算,在本研究的样本区间内,即 2000 年 6 月至 2009 年 6 月,所有股指下跌月份 SMP 绝对值的均值 μ_{SMP} 为 0.006097,标准差 δ_{SMP} 为 0.072073 。经计算股市的具体危机定义如下:

当 $11.41\% > -\text{SMP} \geqslant 7.81\%$ 时,表明股价一个月平均跌幅在 7.81% 至 11.41% 之间,处于一级危机状态,用黄灯预警;

当 $15.0\% > -\text{SMP} \geqslant 11.41\%$ 时,表明股价一个月平均跌幅在 11.41% 至 15.01% 之间,股市处于二级危机状态,用橙灯预警;

当 $-\text{SMP} \geqslant 15.01\%$ 时,股价一个月的平均跌幅超过 15.01%,股市处于三级危机状态,用红灯预警;

利用上证综合指数 SSE 的实际值,根据公式 5.12,我们可以计算出样本区间内各个月份的实际 SMP。此外,将 5.3.2 节中 PSO-BP 神经网络对上证综合指数的预测值代入公式 5.12,可以得到 SMP 的预测值(实际 SMP 与预测 SMP 见表 5.6)。

为了检验 PSO-BP 神经网络模型在发出股市安全预警信号上的精确度,我们首先根据表 5.6 中的实际 SMP,按照股市危机界定方法,找出样本区间内股市危机的发生情况(见表 5.7);然后利用 PSO-BP 神经网络预测值计算的 SMP 来发出预警信号,检验基于预测的 SMP 发出的信号与实际危机的发生情况是否一致。

表 5.6　总样本的 SMP(单位:%)

时间	2000-7	2000-8	2000-9	2000-10	2000-11	2000-12	2001-1	2001-2	2001-3
实际 SMP	2.65	4.69	−5.98	−0.54	6.25	0.54	0.69	−5.47	3.58
预测 SMP	6.79	1.29	0.02	7.04	3.37	1.27	−3.03	−1.16	1.19
时间	2001-4	2001-5	2001-6	2001-7	2001-8	2001-9	2001-10	2001-11	2001-12
实际 SMP	4.82	1.69	1.97	−3.41	−10.73	−4.72	−7.20	−0.83	0.68
预测 SMP	−3.45	0.54	0.02	−3.68	−7.89	−6.02	−7.43	0.91	6.63
时间	2002-1	2002-2	2002-3	2002-4	2002-5	2002-6	2002-7	2002-8	2002-9
实际 SMP	−11.55	1.34	7.77	0.53	−2.43	−2.14	8.51	−2.06	−2.59
预测 SMP	−12.75	9.84	10.26	3.30	0.24	5.76	6.43	−15.11	−12.19
时间	2002-10	2002-11	2002-12	2003-1	2003-2	2003-3	2003-4	2003-5	2003-6
实际 SMP	−4.87	−4.82	−4.22	2.03	4.87	−1.22	4.52	−0.68	0.03
预测 SMP	−8.83	−3.56	2.00	13.99	6.09	−0.96	−4.91	−5.97	−3.67
时间	2003-7	2003-8	2003-9	2003-10	2003-11	2003-12	2004-1	2004-2	2004-3
实际 SMP	−2.40	−3.15	−3.38	−2.38	−0.87	8.13	8.03	5.77	1.62
预测 SMP	−1.34	−2.31	1.91	−7.70	1.17	−2.76	0.76	5.12	0.59
时间	2004-4	2004-5	2004-6	2004-7	2004-8	2004-9	2004-10	2004-11	2004-12
实际 SMP	−1.10	−7.31	−6.39	−2.98	−4.36	0.65	−0.73	−1.13	−3.00
预测 SMP	−2.08	−9.86	−6.18	−3.48	1.82	2.99	0.65	−0.90	−2.08
时间	2005-1	2005-2	2005-3	2005-4	2005-5	2005-6	2005-7	2005-8	2005-9
实际 SMP	−5.02	2.92	−1.82	−4.10	−7.74	−1.97	−3.94	10.47	2.77
预测 SMP	−4.28	6.69	−0.83	−1.12	0.72	3.71	2.45	17.67	2.80
时间	2005-10	2005-11	2005-12	2006-1	2006-2	2006-3	2006-4	2006-5	2006-6
实际 SMP	−4.03	−2.99	2.18	8.86	4.52	0.09	7.25	14.18	2.59
预测 SMP	1.79	−8.90	3.86	20.98	9.67	5.08	11.10	4.51	−6.12

续表

时间	2006-7	2006-8	2006-9	2006-10	2006-11	2006-12	2007-1	2007-2	2007-3
实际 SMP	4.78	−4.75	5.92	4.75	9.70	17.93	21.39	2.049	4.65
预测 SMP	−4.55	−1.88	10.23	2.82	8.06	2.11	21.20	10.59	5.47
时间	2007-4	2007-5	2007-6	2007-7	2007-8	2007-9	2007-10	2007-11	2007-12
实际 SMP	18.28	13.96	−0.45	0.09	20.66	10.62	7.73	−8.82	−3.55
预测 SMP	12.37	13.49	9.96	0.68	24.37	10.71	−12.25	−8.97	−6.39
时间	2008-1	2008-2	2008-3	2008-4	2008-5	2008-6	2008-7	2008-8	2008-9
实际 SMP	−0.46	−11.23	−12.75	−13.17	4.48	−15.65	−6.46	−10.91	−13.31
预测 SMP	−0.29	−22.48	−13.23	−18.65	4.52	0.52	−7.11	−1.75	−12.45
时间	2008-10	2008-11	2008-12	2009-1	2009-2	2009-3	2009-4	2009-5	2009-6
实际 SMP	−10.64	−2.99	3.99	−0.72	13.85	1.05	10.48	6.31	8.14
预测 SMP	7.95	−2.78	4.16	−0.55	−11.97	1.15	−4.91	6.26	9.31

从表 5.7 中我们可以看到,在近十年中,我国股市单月最大跌幅发生在 2008 年 6 月,除此之外,2008 年 2 月、3 月、4 月、8 月、9 月和 10 月股指都发生了显著的下跌。图 5.8 显示了基于实际股市波动压力指数 SMP 判断的股市危机的发生情况。PSO-BP 神经网络预测模型能否准确预测出这些危机发生月?我们用基于上证综合指数预测值的 SMP,找出预测的股市危机点,如图 5.9 所示。

表 5.7 实际股市安全控制表

跌幅	临界值	危机	预警信号	危机月
1 个月的跌幅	均值＋2 倍标准差	三级危机	红灯	2008 年:6 月(15.65%)
	均值＋1.5 倍标准差	二级危机	橙灯	2002 年:1 月(11.55%) 2008 年:3 月(12.75%)、4 月(13.17%)、9 月(13.31%)
	均值＋标准差	一级危机	黄灯	2001 年:8 月(10.72%) 2007 年:11 月(8.82%) 2008 年:2 月(11.23%)、8 月(10.91%)、10 月(10.64%)

注:括号内的数字表明当月上证综合指数的跌幅。

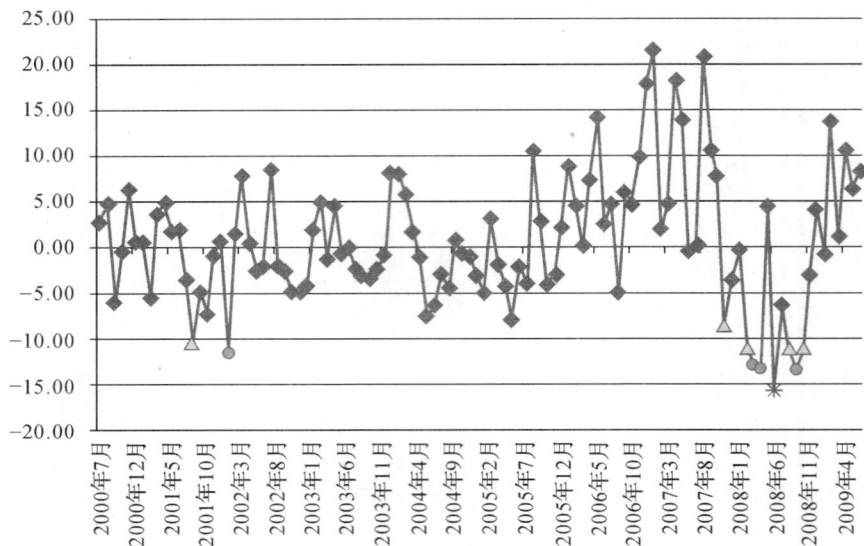

图 5.8　实际股市危机发生情况

注:▲表示本月股市跌幅达到股市危机一级预警的临界值;●表示达到二级预警; * 表示三级预警

（下图同）。

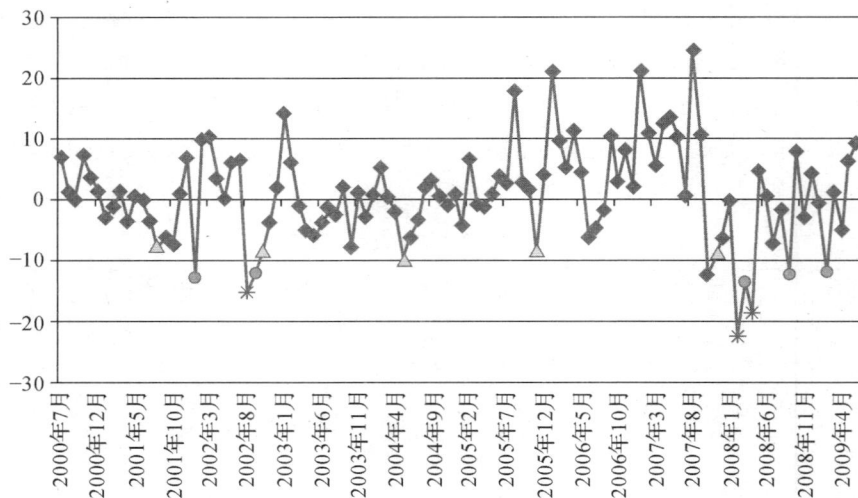

图 5.9　基于 PSO-BP 神经网络模型预测的股市危机

注:图中 PSO-BP 神经网络预警是基于 t 月数据发出 $t+1$ 月的预警信号,例如由 2001 年 7 月的经济数据预测 2001 年 8 月的股市安全状况,从而发出预警信号。

　　比较图 5.8 和 5.9,神经网络预警模型发出的信号大部分情况下与实际情况一致,但部分情况下存在差异,预测的准确性具体如表 5.8 所示。

表 5.8　PSO-BP 神经网络预测准确性对照表

月份	实际 SMP(%)	预测 SMP(%)	正确预警信号灯	网络预警信号灯
2001 年 8 月	−10.73	−7.89	黄灯	黄灯
2002 年 1 月	−11.55	−12.75	橙灯	橙灯
2002 年 8 月	−2.06	−15.11	无预警信号	红灯
2002 年 9 月	−2.59	−12.19	无预警信号	橙灯
2002 年 10 月	−4.87	−8.83	无预警信号	黄灯
2004 年 5 月	−7.31	−9.86	无预警信号	黄灯
2005 年 11 月	−2.99	−8.90	无预警信号	黄灯
2007 年 11 月	−8.82	−8.97	黄灯	黄灯
2008 年 2 月	−11.23	−22.48	黄灯	红灯
2008 年 3 月	−12.75	−13.23	橙灯	橙灯
2008 年 4 月	−13.17	−18.65	橙灯	红灯
2008 年 6 月	−15.65	0.52	红灯	无预警信号
2008 年 8 月	−10.91	−1.75	黄灯	无预警信号灯
2008 年 9 月	−13.31	−12.45	橙灯	橙灯
2008 年 10 月	−10.64	7.95	黄灯	无预警信号
2009 年 2 月	13.85	−11.97	无预警信号	橙灯
除本表上述各月外,2000 年 6 月至 2009 年 6 月的其他各月	——	——	无预警信号	无预警信号

表 5.9　预警结果统计表

样本	总数	预 警 状 况	正确率
危机月	10	有 7 个危机月发出预警信号,有 5 各月危机级别判断准确,另外 2 个月高估了预警级别	70%
非危机月	99	有 6 个月发出预警信号,93 个月预警正确	93.94%
总样本数	109	98 个月预警完全正确	89.9%

　　从表 5.8 和 5.9 的统计情况来看,PSO-BP 神经网络对股市危机具有较强的预警能力,对股市危机月的预警准确率达 70%,对非危机月的预警准确率高

达 93.94％,总样本预警准确率 89.9％。

　　综合本章的研究结果来看,神经网络对股市具有较强的预测能力,但在预测的过程中也存在一定的偏差,这种偏差主要体现在以下两个方面。首先,神经网络对极值点的分辨和预测能力较弱,这主要有两个原因,一是由于极值样本较少,神经网络接受的极值样本点较少,不能充分把握极值点的规律;二是股票价格指数的极值点往往是由政府政策或者投机活动等造成,实体经济指标对此的反映较弱或者反应严重滞后,而由于数据的限制,在预警模型中又没有加入相应的能够代表政府政策的指标和投资者的心理与情绪的指标,神经网络不能把握该方面的知识,所以对极值点的预测能力降低。其次,在趋势确定的情况下,神经网络具有较强的预警能力,但是在预测股指反转形态的时候,神经网络虽然能够比较准确地预测出反转形态,但是预测的精度有所降低。

6 股票市场应急处理机制概述

　　金融市场的发展历史显示,证券价格的严重偏离和过度波动将对金融体系产生冲击,甚至导致整个经济体系的崩溃。17世纪发生在英国伦敦的南海公司泡沫、1929年的华尔街大崩溃、1997年的亚洲金融危机、2008年的全球金融危机都对经济系统造成了巨大的破坏。2006年以来,我国股市走出持续多年的低迷,指数一路震荡上扬,在2007年10月15日创下新高。同年11月,美国次贷危机爆发,受周边股市遭受重创的影响,我国股市在短短一年中,从2007年10月的最高点6124.04点持续下跌至2008年10月的1664.93点,累积跌幅为72.81%.跌幅之深、跌速之快,足以称之为股市崩盘。股市的崩盘给投资者们带来了巨大的损失,更是影响了资源的有效配置和股市投融资功能的正常运作。

　　毫无疑问,无论是各国政府还是投资者,都不希望看到股灾的发生。许多国家加强和加快了证券法规建设,实施了有力的市场监管。同时,采取一系列遏制经济衰退和促进经济复苏的计划来防范股市崩盘的发生。除了这些长效机制外,各国股市还建立了各种市场应急措施,如1987年10月全球股市大崩溃之后设立的断路器机制。然后,学术界对于这些市场应急机制的经济功能和有效性的争论一直没有停止。美国布兰迪委员会(Brady Commission)认为市场冲击会破坏市场微观结构,而这些应急机制可以减缓冲击的影响(Presidential Task Force on Market Mechanisms,1988)。反对者们则认为,这些机制是不必要的障碍,阻碍了证券价格的正常波动。

　　与一般的商品市场不同,在价格急剧波动的情况下,股票市场通常缺乏自我调节、纠正的能力。尤其在具有新兴加转轨特征的我国股票市场,大量非理性投资者追涨杀跌的策略往往使股票价格显著偏离理性的均衡水平。从这个意义上而言,建立股票市场应急处理机制,对股市过度波动进行干预和调节,对股票市场的稳定发展具有重要的意义。

　　本章首先将界定股市应急处理机制的概念;接着对国外成熟股票市场上的

各种应急处理机制的应用做一案例综述；最后结合我国国情提出我国股市应急处理机制的基本框架。[①]

6.1 应急处理机制的概念界定

证券价格波动按照波动来源可以分为基础波动（fundamental volatility）和暂时波动（transitory volatility）。基础波动又称为长期波动性，是由于非预期的证券内在价值的变化导致的；暂时波动也称为短期波动性，是由于不知情交易者的交易行为造成的价格波动，体现了市场机制自身根据供求条件对偏离价值的交易价格所进行的调整。大量交易层次上的价格模型，如 Niederhoffer 和 Osboren（1966）、Barnea（1974）、Goldman 和 Beja（1979）、Hasbrouck 和 Schwartz(1988)、Hakansson、Beja 和 Kale(1985)等，都把价格波动归因于市场交易机制和信息，其中价格的短期波动与交易机制密切相关。

股市应急处理机制一般指那些可以及时准备或者启动的抑制证券价格暂时波动的交易制度安排。一种应急处理机制是否有效，取决于它是否可以在不限制证券价格基础波动的前提下减少暂时波动。按照价格限制机制的应用对象可以将其分为价格应急机制和非价格应急机制。价格应急机制是直接对交

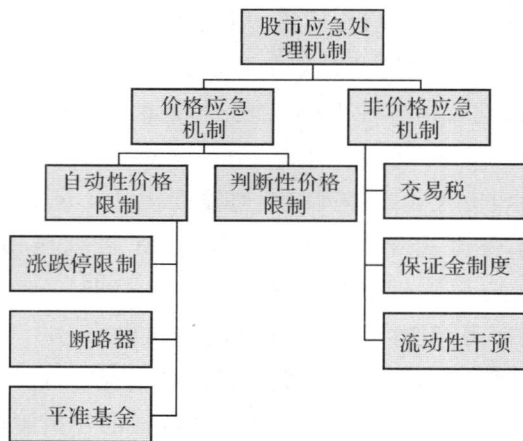

图 6.1 股市应急处理机制分类

易或者交易价格进行限制，按照触发条件的不同分为自动性（automatic）和判断性（discretionary）。而非价格应急机制则通过增加或降低交易的成本和困难，从而间接控制交易或者交易价格的制度，主要有征收交易税、保证金制度、流动性干预等。

6.1.1　价格应急机制

价格应急机制往往对交易或者交易价格进行直接的控制，从而阻止价格继续上涨或下跌。而按照触发条件的不同可以分为自动性（automatic）价格限制和判断性（discretionary）价格限制。曹晓华（2006）、刘逖（2002）、吴林祥（2002）详细介绍了这些机制。

一、自动性价格机制

自动性价格限制指的是当证券市场的某些变量（一般是指数或成交量）超越临界水平时，就会自动启动，从而对个别证券或整个市场造成影响的交易制度，主要包括涨跌幅限制（price limit）、断路器（circuit breaker）、平准基金（Stabilization Fund）等。

涨跌幅限制是针对单一证券的价格稳定机制，不会中断交易。该机制规定了每天证券交易价格的最大波动幅度，一般以前一个交易日的成交价为基准上下浮动一定的比例。如我国股票市场对普通 A 股实行±10%，对 ST 股票实行±5%的限制，泰国股票市场在 1997 年亚洲金融危机之后将±10%的限制调整为±30%。

断路器是在 1987 年全球股市大崩溃之后设立的，一般指大盘断路器[①]，目的是防止市场非理性的大幅下跌。该机制规定了以某一指数（一般为前一个交易日的收盘指数）为基准上下浮动一定比例为触发水平，一旦市场下跌或上涨至触发水平[②]，交易就暂停一段时间。如纽约证券交易所 1988 年设立了断路器，并在 1997 年和 1998 年两次调整断路规则。

平准基金，又称干预基金（Intervention Fund），是政府通过特定的机构（一般是证监会、财政部、交易所等）以法定的方式建立基金，通过对金融市场的逆

[①]　断路器按照适用范围可以分为个股断路器和大盘断路器。欧洲两大交易所——泛欧证券交易所（Euronext）和法兰克福证券交易所（Xetra）均实行个股断路器，而美国、韩国、泰国等的证券交易市场采用大盘断路器。

[②]　大盘断路器一般只在市场下跌时会触发，在上涨时无效，而我们研究的大盘断路器对市场的上涨或下跌均有限制。

向操作,如在股市非理性下跌、股票价格远低于其价值时买进;在股市持续暴涨、股票价值远高于其价值时卖出,从而熨平市场上非理性的剧烈波动,达到稳定市场的目的。在美国等一些发达的金融市场中都设有外汇平准基金,而股票市场平准基金仅存于亚洲的日本,以及中国台湾和香港地区。

二、判断性价格限制

判断性价格限制机制指的是证券监管机构或交易所采取主观的判断和行动,暂停整个市场或某些股票的交易。这类机制一般在预期公司或市场将发布重大信息,或应对某种特殊事件时采用。如 2001 年美国"9·11"恐怖袭击之后,监管当局立即宣布股市休市;2008 年 5 月我国汶川大地震的第二天,66 家相关的上市公司停牌。曹晓华(2006)根据判断对象的不同,将判断性价格限制机制分为四种类型:

(1)与重大信息披露有关的交易暂停。此类交易暂停主要是向投资者宣布已经或即将对该股票价格有重大影响的信息发布,其目的在于使市场有时间吸收信息,维持股价的有序进行。此外,市场上如有关于发行人的谣言需要澄清时,也可能采用交易暂停措施。

(2)因可能的欺诈及操纵活动采取的交易暂停。如果一种或一种以上证券的交易有欺诈或被操纵的嫌疑时,交易所或监管机构可以暂停此类证券的交易,如财务报表有重大不实陈述或隐匿重大事实。此外,当某一特定证券出现异常交易状况,显示有可能是操纵或内幕交易时,交易所可能会暂停该证券的交易,使发行人得以澄清是否有重大未发布信息导致交易异常。

(3)因发行人无法遵循上市标准及信息披露规定导致的"暂时停止交易"①。当发行人无法遵循上市契约及上市规则时,其证券可能被暂停交易。比如发行人低于最低股价标准、最低股东人数或最低市值标准等,此时,交易所可以暂停其交易直到符合标准为止。

(4)因异常重大时间导致的市场关闭。在许多证券市场,监管机构基于符合公众利益和保护投资者利益的角度,有权在紧急情况出现时暂停所有证券的交易(包括交易所及柜台市场)。比如自然灾害、政权更替、恐怖主义、战争、交易所设备故障等。

---

① 交易暂停(Trading Halt)和暂时停止交易(Trading Suspension)存在一定差异,前者时间较短,后者时间较长。

6.1.2　非价格应急机制

非价格应急机制主要是通过改变交易困难性和交易成本,从而限制交易者的非理性行为,其效果就像"在飞轮下撒沙子"(Tobin,1984)。这一类机制主要有设立交易税、保证金制度、流动性干预等。

证券交易税是政府对买卖、转让、登记证券所收取的税和费用的总称。用税收的形式来降低资本市场的过度投机有着悠久的历史。早在 1863 年 3 月 3 日,美国国会就对黄金交易征收 0.5% 的印花税,该措施一出台就造成黄金价格的暴跌(Schwert & Seguin,1993)。但学术界对于交易税的有效性一直存在争论。而从实践来看,全球 120 多个国家和地区中,只有不到 20 个国家(地区)在收取证券交易税,因为成熟的市场经济国家认为,证券交易税有损于资本流动,有碍于资本市场的繁荣,从而取消了该税种。

保证金制度一般是应用于可以做空的市场中的价格稳定措施,在期货、期权市场较为常见。该机制允许证券监管机构通过调节保证金的比率来间接限制市场价格。即市场出现较大的价格泡沫时,可以提高保证金的比率,相当于紧缩信用,减少市场资金供给,从而达到抑制价格过度波动的目的。

流动性干预主要指通过宏观调控的手段干预股票市场的流动性,从而防止金融市场和金融机构面临的风险继续恶化。为实现这一目的,金融监管层不仅可以直接向金融机构注入资金,还利用多种金融工具,包括调整基准利率、调整窗口贴现率、调整准备金率、提供定期招标工具、定期回购协议等。

6.2　应急处理机制在股票市场的应用

为了稳定股票市场,防止股票价格严重偏离及过度波动,许多国家和地区的监管机构纷纷设立了各种市场应急处理机制。本节我们将对主要的几种机制在全球股票市场上的应用情况进行介绍。

6.2.1　证券交易税

交易税费作为显性市场成本,不仅直接受制于税收和佣金制度,而且在许多国家和地区的证券市场成为监管机构调控市场价格行为的一个重要途径。一般来说,交易税费包括以下三方面的内容:

　　第一,税收。与证券流通市场有关的税收设置①主要有两种:证券交易税和证券所得税。证券交易税是在证券交易过程中针对买卖证券行为所征收的税,其设置目的主要旨在调整证券市场上资本的流动;证券所得税是对以利息、股息和红利为收入形式的证券投资所得和以买卖差价增益形式出现的交易所得征收的税,其中投资所得税还可分为对个人所得股利的征税和对公司股利所得的征税。

　　第二,佣金。佣金是证券经纪商为直接代理双方进行买卖所要求的服务回报。世界各国证券交易所实行的佣金制度大致区分为五大类:(1)单一的固定佣金制,通常由相关管理部门根据经纪商的平均经营成本制定出统一的佣金费率;(2)差别佣金制,对大额交易和小额交易进行划分,然后规定不同的佣金费率;(3)按交易额的大小递减收费;(4)浮动佣金制,即设定最高、最低或者中间的佣金比例,允许在此区间浮动;(5)佣金完全自由化,即由客户和证券公司自由协商决定。

　　第三,杂费。除了税收和佣金外,需要投资人直接缴纳的与证券交易有关的费用还有开户费、过户费、经手费、监管费、清算费、交易规费、管理费以及在证券财产转移时需缴纳的遗产税或赠与税等。

一、交易税费的国际比较

　　世界上大多数国家(或地区)都不征收证券交易税。在征收交易税的市场上,税种的具体形式各不相同,东盟各国、印度等征收的印花税、丹麦的证券交易转让税、法国的金融活动特别税、荷兰和中国台湾地区的股票交易税等,都属于证券交易税种的具体形式。表6.1对主要证券市场由佣金和各种税费组成的显性成本进行了比较。

表 6.1　世界主要证券市场的显性交易成本比较

国家/地区	显性成本	国家/地区	显性成本	国家/地区	显性成本	国家/地区	显性成本
美国	0.83	丹麦	2.81	土耳其	4.10	新加坡	6.08
印度	1.40	瑞士	2.98	葡萄牙	4.38	韩国	6.31
卢森堡	2.01	挪威	3.03	智利	4.57	泰国	6.96
法国	2.28	奥地利	3.08	阿根廷	4.73	马来西亚	7.38

---

　　①　有关证券交易和证券所得的税制的完善程度通常与一国证券市场的成熟程度密切相关,证券市场越发达,税制体系也就越完善,针对不同投资群体和投资品种往往分别设置不同的税种,力求做到稳税制、宽税基、轻税负,并对长期投资和基金投资给予税赋优惠。

国家/地区	显性成本	国家/地区	显性成本	国家/地区	显性成本	国家/地区	显性成本
荷兰	2.30	日本	3.17	澳大利亚	4.95	匈牙利	7.48
德国	2.43	西班牙	3.25	中国香港	5.06	捷克	7.87
加拿大	2.53	新西兰	3.40	哥伦比亚	5.53	印尼	8.52
比利时	2.54	墨西哥	3.44	中国台湾	5.60	委内瑞拉	9.94
瑞典	2.62	巴西	3.67	希腊	5.82	爱尔兰	10.6
意大利	2.63	南非	3.74	秘鲁	6.06	菲律宾	10.32
芬兰	2.79	英国	3.93	均值	4.60	标准差	2.43

注：1. 各项成本数据的计算区间为1996年9月到1998年12月，其中美国的交易数据是AMEX、Nasdaq和NYSE三个市场的平均值；2. 所有数值均为单边成本，单位为千分比率。

二、交易税费效应的实证研究

各国学者利用各国（或地区）证券交易的数据，分别对证券交易税和佣金对市场产生的影响做了大量的实证研究。

（一）交易税方面

Roll（1989）分析了23个国家（或地区）从1887年至1989年的股票收益波动性的数据，得出交易税和波动性之间没有明显联系。同时，Roll分析表明，在1987年10月的全球股市崩盘中，有交易税的国家与没有交易税的国家情况一样严重。

Umlauf（1993）研究了瑞典证券市场1980年至1987年的数据。结果发现，实施了证券交易税以后，日波动率在税率最高的时期反而是最高的。同时，他还分析了瑞典证券交易税率提高对交易量的影响，他指出1984年的证券交易税率为1%，1986年提高至2%，到了1990年50%的交易量都转移到了伦敦。在这个案例中，交易者有比较近的可替代的市场，在征税制度下，他们很可能转移到其他市场进行交易，以达到避税的目的。

胡星阳（1998）分析了1975年至1994年日本、韩国以及中国香港和台湾地区市场的14次证券交易税税率变化产生的效应，实证结果显示税率变动对市场波动没有显著的影响，仅仅对小组合噪声收益的波动性有影响，对大组合收益的波动性基本没有影响。

1997年5月9日中国政府宣布将证券交易税从0.3%提高到0.5%，Zhang（2001）研究了沪市和深市对此的反应。结果发现，股票收益率的波动性显著地提高了，而且由于交易量大幅下降，相对于税率的提高而言，税收的增加总额比较小。王雁茜(2004)采用事件研究法,对我国 A 股市场三次印花税调整产生的效应进行了实证研究,其结论是交易税率上升使交易量减少、换手率降低、收益波动性增大,但交易税降低可能带来交易量和换手率增加,也可能不产生显著影响,甚至使之减少,波动率同样是可能提高,也可能降低。据此,王雁茜认为这种市场反应的不对称性不仅说明投资者对交易成本的增加更为敏感,而且也从侧面印证了市场中短期性投机交易的普遍存在。

(二)佣金方面

1975 年美国证券监管委员会要求主要的证券交易所取消固定佣金制。利用美国市场取消固定佣金制之前的个股交易数据,Epps(1976)的研究得出交易量对交易成本的弹性接近-0.25。还有一些观点认为,Epps(1976)低估了这种影响。Jarrell(1984)发现,平均佣金从 1975 年到 1978 年下降了 30%,股票交易量从 1975 年 5 月到 1981 年 12 月的上升幅度比 1968 年 1 月到 1975 年 4 月的上升幅度高 30%。据此,Jarrell 认为交易量的成本弹性应该远高于 Epps 的估计。然而,Stoll(1979)的研究却发现在取消固定佣金制以后,市场的流动性并没有改变,虽然佣金下降了很多。

Shiller(2000)对房地产市场与股票市场进行了比较研究,他指出房地产市场与股票、债券市场出现泡沫和泡沫破裂的频率基本上是一样多的,但是房地产市场的交易成本远远高于证券市场。Shiller 认为这表明高的交易成本不足以抑制市场中的泡沫,也不能阻止泡沫的破裂(虽然房地产市场的波动性在短时间内比证券市场低,这是因为房地产交易的频率较低)。

6.2.2 流动性干预

流动性干预主要指通过宏观调控的手段干预股票市场的流动性,从而防止金融市场和金融机构面临的风险继续恶化。各国政府通过宏观调控,控制货币供应总量,从而影响进入证券市场的资金规模。在证券市场容量一定的情况下,进入市场的资金的变化很有可能造成证券价格的变化。

1929 年美国爆发大规模的经济危机,并波及股市。罗斯福总统上台后,实施"新政",着手建立一套以法律为基础的监管构架。其中针对股市危机的应急措施包括政府直接注资、提供银行担保、降低利息等。这一系列应急措施在 1987 年美国的股灾、纳斯达克泡沫破裂中都得到了应用。Greenspan(2007)在总结股市崩溃的应对措施时指出,与 1929 年股市崩溃过后的大萧条相比,1987 年美国股市崩盘之后并没有伴随同样的宏观经济衰退,其原因在于美联储采取相关措施保证了危机中资金的流动性,并且说服银行为证券公司提供融资。

2007 年 3 月美国的次贷危机浮出水面,并且逐步恶化。2007 年 8 月 3 日欧美股市全线暴跌,2007 年 8 月 9 日法国最大银行巴黎银行宣布卷入美国次级债,全球大部分股指继续暴跌。美国的金融监管当局开始启动一系列的应急措施。如表 6.2 所示。从表中可以看到,调控政策的主体是以美联储为核心,加上财政部以及保险监管委员会的配合。政策的主要目的是提高市场的流动性,防止金融市场和金融机构面临的风险继续恶化。为实现这一目的,金融监管层在直接向金融机构注资的同时还利用了多种金融工具,包括降低基准利率、降低窗口贴现率、提供定期招标工具、定期回购协议等。在提高市场流动性之外,美联储还出台了有关预防高风险抵押贷款新规定的提案,旨在解决次贷危机的深层次问题。

表 6.2　次贷危机以来美国金融监管当局的调控政策

日　期	政　策　内　容
2007 年 8 月 11 日	美联储一天三次向银行注资 380 亿美元以稳定股市
2007 年 8 月 17 日	美联储降低窗口贴现利率 50 个基点
2007 年 8 月 22 日	美联储向金融系统注资 37.5 亿美元
2007 年 8 月 23 日	美联储向金融系统注资 70 亿美元
2007 年 8 月 28 日	美联储向金融系统注资 95 亿美元
2007 年 8 月 29 日	美联储向金融系统注资 52.5 亿美元
2007 年 8 月 30 日	美联储向金融系统注资 100 亿美元
2007 年 9 月 18 日	美联储降息 50 个基点
2007 年 10 月 13 日	美国财政部帮助各大金融机构成立一支价值 1000 亿美元的基金(超级基金),用以购买陷入困境的抵押证券
2007 年 12 月 19 日	美联储定期招标工具向市场注入 28 天期 200 亿美元资金
2008 年 1 月 22 日	美联储降息 75 个基点
2008 年 1 月 24 日	美国纽约保险监管层力图为债券保险商提供 150 亿美元的资金援助
2008 年 1 月 30 日	美联储降息 50 个基点
2008 年 2 月 19 日	美联储推出一项预防高风险抵押贷款新规定的提案,也是次贷危机爆发以来所采取的最全面的补救措施

续表

日　期	政　策　内　容
2008 年 3 月 7 日	美联储宣布两项新的增加流动性措施,一是定期招标工具,二是决定开始一系列定期回购交易
2008 年 3 月 17 日	美联储调低窗口贴现率 25 个基点
2008 年 3 月 19 日	美联储降息 75 个基点
2008 年 3 月 27 日	美联储透过定期证券借贷工具向一级交易商提供了 750 亿美元公债
2008 年 4 月 30 日	美联储降息 25 个基点
2008 年 5 月 5 日	美联储通过隔夜回购操作向市场注入 110 亿美元临时储备金
2008 年 5 月 6 日	美联储提供了总额 750 亿美元的 28 天 TAF(Term Auction Facility)

在银行、投资基金等金融机构出现巨幅亏损,甚至破产等恶性事件的影响下,美国股市虽然有所下跌,但依然保持了一定的稳定性。面对次贷危机对股市的冲击,美国金融监管层的调控政策提高了市场的流动性,增强了投资者对市场的信心,对股市的平稳健康发展起到了不可忽视的作用。

6.2.3　涨跌停制度

一、涨跌停制度的国际比较

在全球大多数股票市场,特别是新兴市场都设置了涨跌幅限制,以防止过大的价格波动,如表 6.3 所示。而在美国、英国、中国等股票市场上没有设置涨跌幅限制。

表 6.3　全球主要股票市场的涨跌幅限制

国家/地区	涨跌停制度
澳大利亚	5%
比利时	10%
中国	10%
芬兰	15%
法国	10%～20%(不同类型的股票设置不同的限制)
希腊	4%或 8%(其中 8%是用于交易特别活跃的股票)
意大利	10%～20%

续表

国家/地区	涨跌停制度
日本	10%～60%（基于不同的价格水平设置不同的限制）
韩国	15%
卢森堡	5%
马来西亚	每天的两个交易时段分别设置 30% 的限制
墨西哥	10%
秘鲁	15%
罗马尼亚	15%
南非	2%～6%（基于不同的价格水平设置不同的限制）
中国台湾	自 1989 年起为 7%，有时调整至 3.5%
泰国	1997 年后从 10% 调整至 30%
土耳其	自 1994 年以来每天的两个交易时段分别设置 10% 的限制

二、涨跌停制度的实证研究

Lee 和 Kim(1995)以 1980—1989 年韩国股票市场日数据为样本，研究涨跌幅限制对股价波动的影响。他们比较高价格限制组合（HPLP）和低价格限制组合（LPLP）的波动率。在价格限制发生之前，HPLP 的波动性显著高于 LPLP，而在价格限制发生之后，HPLP 的波动性与 LPLP 的差异不显著。因此，结果表明价格限制有助于抑制股票价格的波动。

Kim 和 Rhee(1997)以东京股票交易所 1989—1992 年间的日数据检验涨跌幅限制的有效性。他们将价格接近临界水平的股票分成三组：第一组的股票达到了每日价格限制；第二组的股票达到了 90% 以上的上限价格变化，但没有触碰临界值；第三组的股票达到了 80%～90% 的上限价格变化。通过比较这三组股票的表现，他们发现涨跌幅限制导致波动性溢出、延迟价格发现、阻碍正常交易。因此，在东京证券交易所中，涨跌幅限制是无效的。Kim 和 Yang(2008)以 2003 年的中国台湾股市日数据为样本，研究价格限制的有效性。他们将达到涨跌停后的股票分成三组：第一组是涨跌停后不再出现交易[①]；第二组是可以继续以临界值范围内的任意价格交易；第三组是只能以涨跌停的临界价格交

[①] 在这种情况下，涨跌停制度属于针对单一公司的断路器机制。

易。结果表明，涨跌停制度只有在第三组中才能降低交易者的过度反应，而在另外两组中起相反的作用。

国内学者以我国证券市场数据为样本的研究也存在着较大的争议。赵振全、吕继宏（2001）和孙培源、施东辉（2001）采用 Kim 和 Rhee（1997）的方法，对我国证券市场涨跌幅限制的作用进行实证研究，得出与 Kim 和 Rhee 基本相同的结论，即涨跌停限制造成波动性溢出，延迟价格发现，阻碍正常交易。刘海龙等（2004）分别研究了涨跌停制度对整个上证指数和个股的影响。结论表明对整个市场而言，涨跌幅限制加剧了流动性，而对个股而言，降低了流动性。

吴林祥（2002）以 1996 年 12 月 16 日设立涨跌幅制度开始到 2000 年 12 月的沪深 A 股日数据为样本，对该制度进行了全面的检验。结果表明涨跌幅限制能有效抑制价格波动，有轻微的延迟价格发现情况，不存在扭曲市场价格一说。沈根祥（2003）对我国股市的波动性溢出效应进行了研究，结果表明在股市上涨时，涨跌停机制会引起波动性溢出现象，而在股市下跌时没有这种负面影响。

6.2.4　断路器机制

一、断路器机制的国际比较

目前，在全球很多的证券交易所，包括股票市场、股指期货市场都设有断路器机制。各个断路器的触发条件、作用范围和持续时间也不尽相同。

（一）纽约证交所

纽约证券交易所 1988 年设立了断路器，并在 1997 年和 1998 年两次调整断路规则（规则如表 6.4）。而在股票市场引入该机制后，股指期货市场也迅速做出相应的调整，如 CME 交易所[①]的断路器规定：当 S&P500 股指期货下跌 12 点时，在接下来的半小时以跌幅 12 点为限；当 S&P500 股指期货再度下跌至 30 点时，在接下来的一小时以跌幅 30 点为限；当 S&P500 股指期货再度下跌至 50 点时，在接下来的两小时以跌幅 50 点为限。

---

① 芝加哥商业交易所是美国最大的期货交易所，也是世界上第二大买卖期货和期货期权合约的交易所。

表 6.4　纽约证券交易所的断路器机制[①]

触发时间 触发条件	下午 1 点前	下午 1 点至 1 点 59 分	下午 2 点至 2 点 29 分	下午 2 点 30 分 或以后
DJIA 下跌 10%	市场暂停 1 小时	市场暂停 1 小时	市场暂停半小时	市场不暂停
DJIA 下跌 20%	市场暂停 2 小时	市场暂停 1 小时	全日暂停	全日暂停
DJIA 下跌 30%	全日暂停	全日暂停	全日暂停	全日暂停

资料来源:纽约证券交易所网站(www.nyse.com)。

（二）日本证券市场

日本的股指期货市场上设置了断路器机制,规定当股指期货价格超出公平价格[②]的特定范围,交易将暂停 15 分钟。特别当东京股票价格指数(TOPIX)超出特定价格区间时,从事套利交易的会员将被禁止买卖涉及套利交易的股票,直到价格恢复到特定价格区间之内。

（三）韩国证券市场

韩国股票市场和股指期货市场上都设置了断路器机制,规定如下:1)当韩国股票综合指数(KOSPI)和前一天收盘价相比下跌 10% 以上(包括 10%),且下跌持续 1 分钟,则整个市场将暂停交易 30 分钟。暂停交易 20 分钟后,开始接受会员提交的指令,当暂停恢复之后,以集合竞价方式由这些指令产生一个开盘价格;2)当股指期货市场上交易量最大的期货合约价格偏离前一天的收盘价 5% 以上(包括 5%),同时期货价格偏离公平价格 3% 以上(包括 3%),且偏离持续 1 分钟,则期货合约将暂停交易 5 分钟;3)股指期货市场的断路器每天最多启动一次,下午 2 点 20 分之后无效;4)当股票现货市场断路器启动后,股指期货合约暂停交易 20 分钟。

二、全球断路器启用案例

尽管很多股票市场和股指期货市场都设置了断路器机制,但从历史上来看,启用的频率并不高。

最著名的纽约交易所的断路器,从设立至今一共只启动了一次。1997 年 10 月 27 日,美国股市开盘即暴跌,道琼斯指数一路下泻。根据 1997 年 1 月 31 日修改后的 80B 规则,当 DJIA 下跌 350 点后触发断路器,全市暂停交易 30 分

---

①　纽约证券交易所在每个季度开始时,利用道琼斯工业平均指数(DJIA)前一个月的平均收盘价计算断路器的触发水平。

②　期货的公平价格指的是没有套利利润的期货价格。

钟。恢复交易后,DJIA 继续迅速下跌 200 点,第二次触发了断路器,全市暂停交易至当天收盘。全天 DJIA 下跌 554.26 点,跌幅达到 7.18%,是截至当时下跌点数最多、下跌幅度第二大的单日下跌。第二天 DJIA 强力反弹 337 点,成为截至当时最大的单日上涨。2008 年 10 月 25 日,为了应对全球金融危机的影响,NYSE 更是临时调整断路器触发规则为:若下午 2 点前 DJIA 下跌 1100 点,则全市暂停 1 小时;若下跌 2200 点,则全市暂停 2 小时;若下跌 3350 点,则全市暂停至当日收盘。尽管没有触发,但减缓了指数快速下跌的破坏性。

在其他设置了断路器机制的证券交易所中,也曾发生过断路器触发的案例,特别是 2008 年金融危机爆发期间:

(1)2006 年 5 月 22 日,在通胀阴影挥之不去、利率走高、全球经济环境的恶化导致资金大量转向更为安全的资产的背景下,全球股市特别是亚洲市场面临严重的调整压力。孟买 SENSEX 指数早盘一度大跌 1000 点以上,跌幅超过 10%,导致交易所停牌一小时。虽然复牌之后,孟买 SENSEX 指数反弹至 10307 点,最终以跌幅 5.77% 收盘。

(2)2006 年 12 月 19 日,泰国政府为遏止泰铢大幅度升值,要求投资泰国资本市场的外国投资者将外币换成泰铢时,需要将这部分资金的 30% 存入央行的一个无息账户作为保证金(存期至少 1 年)。受这一强硬政策的影响,泰国股市开盘即下跌,盘中重挫 10%,迫使曼谷证交所首次强行实行暂停交易半小时。复盘后,指数继续下跌,一度达到 19% 的跌幅,最终以 15% 的跌幅收盘,创下自 1975 年以来单日最大跌幅。第二天泰国政府紧急撤销该政策,泰国股指回升 69.41 点,达到 11.16% 的涨幅。

(3)2007 年 8 月 16 日,韩国股市早盘因暴跌而触发断路器,被临时停止交易 5 分钟,复盘后股指再度下挫,最终以 7.3% 的跌幅收盘。

(4)2007 年 10 月 17 日,印度监管当局建议采取措施限制对海外投资者通过"参与凭证"投资印度股市。受此影响,印度股市开盘不到 1 小时,Sensex 指数就下跌 1700 余点,触发断路器。之后印度财长奇丹巴拉姆做出澄清,复盘后市场止跌回升,最终以下跌 360 点收盘。

(5)2008 年 9 月 16 日,受国际金融市场震荡的影响,韩国股市和股指期货市场开盘即出现暴跌,股指期货价格急剧下滑,造成技术股比例较高的高斯达克市场的断路器触发,暂停交易 5 分钟,这是 2008 年以来该市场第四次启动断路器。而首尔股市 KOSPI200 股指期货也在开盘 40 分钟内出现暴跌 5% 的情况,促使首尔股市暂停交易 5 分钟,这是 2008 年以来韩国首尔股市第三次启动断路器。

(6)2008 年 10 月 8 日,受前夜全球股市大幅下跌影响,印尼股市出现恐慌性抛售,股指大幅下跌超过 10%,创下自 1998 年 1 月份以来的最大单日跌幅,触发了断路器。当日以及之后的几个交易日市场关闭。这也是该国股市历史上第一次启动断路器。同日,俄罗斯股市开盘半小时内下跌 14%,当局随即宣布暂停股市交易两天。

6.2.5 平准基金

平准基金,又称为干预基金,是通过特定的机构(如证监会、财政部、交易所等)以法定的方式建立的基金,对证券市场的逆向操作,熨平非理性的证券的剧烈波动,以达到稳定证券市场的目的。这里的市场不单单指股票市场,还有外汇、国债、粮食等。而股票市场平准基金主要存在日本、韩国、中国台湾、中国香港等亚洲地区的证券市场中,在欧美国家比较罕见。本节将对几个典型的平准基金以及其干预市场的案例做一综述。

一、平准基金的国际比较

如表 6.5 所示,平准基金一般是由政府、财政部以及证券从业机构作为发起人,在股票市场暴跌或低迷时成立的。

表 6.5 平准基金的成立历史

国家/地区	成立时间	基金名称	成立背景
日本	1995-5	股市平准基金	股市暴跌
韩国	1990-5	股市平准基金	股市大跌 23%
韩国	1990-9	股价保证基金	前一个基金效果不明显,股市继续下跌
中国台湾	1998-11	股市平准基金	受亚洲金融危机影响,台湾股市暴跌
中国香港	1998-8	外汇基金	国际资金恶意攻击香港金融市场造成暴跌

资料来源:国泰君安研究所,《平准基金的设立及历史经验》。

平准基金资金的主要来源有财政部、银行业、证券业、保险业、基金业等。各个国家和地区情况有所不同,其中韩国和日本主要是来源于银行业、保险业和证券业,中国香港来源于存放于外汇基金的财政储备金,中国台湾来源于银行业、保险业、邮政储金、劳工退休基金、公务人员退休基金等在内的资金。表 6.6 列举了一些平准基金的资金来源及规模。

表 6.6　亚洲国家(或地区)平准基金的资金来源及规模

国家/地区	成立时间	资金来源	资金规模
日本	1995-5	银行业	
韩国	1990-5	银行业、保险业、上市公司	59.2 亿美元
韩国	1990-9	投资信托公司	38.5 亿美元
中国台湾	1996-2	银行业、保险业、退休基金、储蓄等	2000 亿台币
中国台湾	1998-11	银行业、保险业、退休基金、储蓄等	2800 亿台币
中国香港	1998-8	财政外汇储备金	1200 亿港币

资料来源:国泰君安研究所,《平准基金的设立及历史经验》。

二、全球平准基金干预市场案例[①]

从历史经验来看,无论以哪一种形态设立平准基金,只有造成股市重挫的原因属于非经济因素,或经济已经触底复苏时,平准基金的干预才能使股市反转。而历史上,平准基金运作成功和失败的案例都有,以下选择比较有代表性的几个案例进行分析。

(一)中国香港外汇基金

1998 年 8 月,国际资本以香港外汇市场为突破,全面抛空外汇、股票、期货市场,造成恒生指数由 1997 年 8 月 7 日的 16673 点,急剧下降至 1998 年 8 月 13 日的 6660 点。为了保障联系汇率制度的健全性,制止市场操控活动,避免市场过度调整导致整个金融体系的崩溃,香港特区政府果断动用存放在外汇基金的约三百亿美元的财政储备金(香港特区政府出手土地的所得收入以及历年的财政累积盈余),于 8 月 14 日起在汇市和股市全面反击投机者。

香港特区政府一方面在汇市卖出美元,另一方面将此笔资金投入股市,大量买入汇丰银行等 33 只恒生指数成分股;多头与空头博弈近半个月,8 月底香港特区政府惨败。尽管香港特区政府已经耗资一千多亿港元使恒生股指在 8 月底维持在 7845 点,但仍然无法有效迫使国际炒客离场。最后,香港特区政府行使行政权,规定某些股票不能卖空,迫使卖家炒空客必须在两日内回补,同时提高期货交易保证金 50%,以增加炒客操作成本。为稳定民众对联系汇率的信心,香港特区政府自 9 月 7 日起实施对有执照银行以固定汇率买卖外汇等七项措施。

到了 9 月底,美国最大的避险基金长期资本管理公司因为投资新兴市场失

① 案例主要参考钱天峰(2006)硕士论文《我国推出股票平准基金的可行性研究》第一章文献综述。

利而爆发财务危机,其他避险基金也相继传出不利信息,炒客受此影响不得不相继撤离,香港金融市场才得以逐渐恢复稳定。10月初,美国长期资本管理公司破产危机效应扩大,投资人对美国金融市场信心动摇;且避险基金为弥补投资亏损出售美元资产,美元在全球外汇市场狂贬,香港联系汇率解围,香港股市更是大幅反弹,特别是日元大幅回升,带动东亚各国汇市股市双双回升,东亚金融风暴暂时平息,不但使香港特区政府成了大赢家,也使国际炒家陷入空前困境。

在这场金融战争中,香港特区政府除了达到稳定金融市场目的之外,也获得将近800多亿港元的丰厚利润。香港特区政府共动用1181亿港元买卖蓝筹股,并将这个庞大的股票组合交由一家独立于金融管理局的公司负责管理,以确保香港政府持有股票与其监管职能不产生利益冲突。之后,为了不影响股票市场自由运作,香港政府成立单位信托基金出售这些持股,并将信托基金在香港联交所挂牌交易,顺利完成"救市"。

(二)中国台湾股市稳定基金和"国安基金"

1997年7月,亚洲爆发金融危机,对亚洲国家和地区的经济造成了巨大损失,为了防范类似事件再度发生,间接促使台湾当局酝酿成立了一个常态性的金融稳定机制——"国家金融安定基金",来确保台湾整个经济市场的稳定、维护经济安全。"国安基金"2000年分别于3月16日、17日、20日以及10月13日到11月15日执行了稳定市场任务。

第一次护盘行动,动用514亿元;第二次护盘动用了27亿元,这两次护盘行动动用约540亿元,使加权指数由8500点回稳到9800点。但是本阶段的护盘行动仅仅发挥短期拉抬的效果,并没有使其后的大盘指数止跌回稳,授权期限一到,基金放手之后,股价指数又从万点回归到了8600点,而"国安基金"的股票却在9800点的高位被套。

第三次启动并没有实际的护盘行动,"国安基金"以不变应万变,任由市场自动调节;其后大盘指数回稳,股价在短期内难有波动,就长期而言,市场机能自然调节股价,反映到大盘指数,自然回归于平稳,达到护盘宣示的效果,完成稳定民众信心的阶段性任务。

第四次护盘行动,首先动用300亿元,月内加码900亿元于股市及期货市场,本次护盘行动一共动用了1200亿元。然而,股市却从8100点跌至5100点,三个月内大盘指数上下振幅达300点。"国安基金"在护盘时介入股市及期货操作,却因进场的时机被洞悉且操作手法简单,以致手中持股在高点被对作,导致亏损连连,此次护盘行动不仅没能发挥稳定市场的功能,反而付出了巨大的代价。

台湾行政主管部门公布"国安基金"及"政府四大基金"进出股市的状况如下:到 2002 年 12 月底,"国安基金"的账面亏损为 401 亿元;四大基金共计投入股市超过 4400 亿元,2001 上半年账面损失估计共约 1600 亿元;"国安基金"及四大基金尚未实现的股票跌价损失超过 2000 亿元,平均损失高达 35%。究其原因,主要是"国安基金"在实践中频频在高点出手,违背了成立之初的入市规定。

(三)韩国股市安定基金

1990 年中期,韩国证券市场面临大幅度严重下跌,政府为了长治久安,于该年 5 月成立了股市稳定基金,由证券公司共同出资组成,并将基金投资于有价证券上,以维护证券市场的稳定。最初该基金由 25 家证券公司出资 2 兆韩元,但后来为了使基金的效果扩大,随后让银行、保险公司及上市公司参与,共出资为 4 兆韩元(约 59.2 亿美元),这一规模约占市值的 4%。同年 9 月,再度成立保证股价基金,规模为 2.6 兆韩元(约 38.5 亿美元),主要资金来源为投资信托公司。此外,稳定基金所买入的股票存放在韩国证券保管处。但随着股市规模的日益庞大,稳定基金干预的效果越来越小,韩国政府以不损害市场稳定性为原则从 1993 年底开始出售股票。

(四)日本股市安定基金

日本成立股市安定基金的想法,最早始于二战期间,当时日本政府为了防止战争对股市造成重大影响,于 1941 年设立了日本协同证券公司来从事股票价格的稳定操作。战后,为了避免股价剧烈变动对复兴期的经济造成不良影响,日本政府在 1950 年促请银行及寿险公司适度地买入股票,并在 1951 年设立证券投资信托资金,进行股市安定操作。

较大规模的股市安定基金的操作则始于 20 世纪 60 年代中期。1963 年 7 月 18 日由于美国肯尼迪总统提议,加重对加拿大以外的先进国家在美国国内募集资金的税额,导致日本股市的崩盘以及投资信托基金的大量解约,再加上经济不景气,使大和、山一及野村等三家证券公司爆发倒闭危机,造成日经指数重挫。于是在 1964 年 1 月 12 日,日本政府成立了"共同证券基金",以期挽救股市。共同证券基金由 14 家主要银行及四大证券公司共同出资 1900 亿日元进场买卖股票,以维持市场行情。但由于共同证券基金的资金有限,且整体经济形势仍然低迷,基本面并没有改善,故其无法充分发挥稳定股市的功效。

由于共同证券基金的成效有效,日本证券业自发成立了"证券持有组合基金"。该基金采用会员制,操作金额达 3227 亿日元,向银行融通资金,来搁置、保管证券自营商及信托的多余股票,发挥暂存股票功能。之后,配合政府于 1956 年采取多项振兴方案,日本经济逐渐复苏,股市也随之转稳。该基金自 1964 年成立至 1971 年解散,累计操作获利 700 亿日元,获利率达 70%。而证券持有者组合基金于 1966 年 3 月 9 日开始出售股票,至 1969 年 1 月 6 日任务达成并解散,四年间累计获利达 500 亿日元,获利率达 25%。

1995 年上半年,日经指数由 19000 点跌至 14000 点,日本政府再度成立了主要资金来自银行业的"股市安定基金"。由于此基金成立适时,再加上日本政府采取了一连串振兴经济的措施,使得日经指数逐步回升到 20000 点以上的水平。

表 6.7　各国(地区)平准基金的运作效果

国家/地区	成立时间	成立前三个月指数表现	成立后一年指数表现
日本	1995-5	−10.05%	56.2%
韩国	1990-5	−18.9%	−27.3%
韩国	1990-9	−24.22%	3.94
中国台湾	1996-2	−0.04%	64.15%
中国台湾	1998-11	−1.95%	31.63%
中国香港	1998-8	−24.68%	85.3%

资料来源:国泰君安研究所,《平准基金的设立及历史经验》。

6.3　建立应急处理机制对我国股票市场的意义

6.3.1　我国股市危机的应急处理回顾

在第五章中我们通过 SMP 股票市场压力指数的计算,界定了中国股市历史上的危机月。在危机月,股票指数跌幅均超过 10%,但我国政府却没有及时采取实质性的对策。

(1)2002 年 1 月,上证指数跌幅达 9.37%,市场出现多个单日暴跌:4 日大跌 2.1%,11 日暴跌 2.59%,14 日暴跌 3.29%,17 日暴跌 4.06%,21 日暴跌 3.42%,28 日暴跌 6.33%。股市连续暴跌,仅有相关部门 17 日表示应尽快恢复投资者信心，证监会 30 日召开市场分析座谈会，增强对证券市场稳定发展的信心，但并没有采取实质性措施。

（2）2007 年 11 月，受全球金融危机影响，中国股市在短短 10 个月内疯狂地完成了从 6124 点到 2245 点的回归。2007 年 11 月暴跌 8.82％，2008 年 2 月暴跌 11.23％，3 月暴跌 12.75％，4 月暴跌 13.17％，6 月暴跌 15.65％，8 月暴跌 10.91％，9 月暴跌 13.31％，10 月暴跌 10.64％。

在股票持续低迷的情况下，我国政府直到 2008 年 4 月开始才陆续出台了一些针对股票市场的调控政策，关键性的政策包括两项，一是限制大小非解禁，二是降低印花税。

2008 年 4 月 20 日证监会公布《上市公司解除限售存量股份转让指导意见》，对备受市场关注的股改限售股解禁进行规范。该意见规定持有解除限售存量股份的股东预计未来一个月内公开出售解除限售存量股份数量超过该公司股份总数 1％的，应当通过证券交易所大宗交易系统转让所持股份。上市公司的控股股东在该公司的年报、半年报公告前 30 日内不得转让解除限售存量股份。4 月 21 日股市开盘后，受证监会发文规范大小非解禁的消息刺激，股市出现了个股普涨的局面，但由于市场信心不足等原因导致个股纷纷回落，股指高开低走。

2008 年 4 月 23 日，我国政府宣布将股市印花税税率由 3‰调整为 1‰。这一政策的宣布刺激了股市的大幅上扬，4 月 24 日上证综合指数在一个交易日内上涨了 9.29％，创下了 10 年来单日涨幅的最高历史纪录。然而，上涨的局面并没有得到持续，在印花税下调后的第 7 个交易日，即 5 月 7 日股指大跌 4.13％，再次出现了个股大面积跌停的局面。

在 2008 年 4 月之后，监管当局不断强调维持股市稳定的重要性，以新华社为代表的主流媒体也持续表达了"中国股市长期向好，基础未改变"的积极信号。在政策出台的短期内，刺激了股票一定程度的上扬，但是这种上扬并没有改变股市的悲观情绪，每次政策出台和股指反弹，都可能引发获利资金的撤出，表明投资者对股市的长期发展并不持有乐观的预期。

6.3.2　对我国应急处理的评价

为什么我国监管层的调控政策未能对股市的稳定发挥积极有效的作用？从实体经济运行的角度来看，由于我国面临较大的通胀压力，中央银行在 2007 年来持续多次提高利息和法定存款准备金，企业在发展的过程中既面对信贷资源的紧张,也要应对因通胀带来的生产成本的大幅上涨,经济增长的前景有一定的不明朗性。此外,中央银行从紧的货币政策也制约了股市的流动性,增加了市场的悲观预期。更为重要的是,我国监管层针对股市的调控政策本身存在较大的问题,难以发挥有效的作用,这些问题主要包括:

第一,政策的滞后性。我国股市从 2007 年 10 月到 2008 年 4 月已经持续下跌了半年之久,股指累积下跌 40% 以上,大部分投资者都出现了亏损。虽然股市的暴跌在一定程度上受到美国等外围股市低迷的影响,但更关键的内部原因是大小非解禁的洪潮和上市公司巨额的融资计划。从股价走势发生逆转之时,有关降低印花税以提高市场信心以及规范大小非解禁和再融资行为的呼声就出现了,但相关政策却迟迟不出台。投资者对政策预期的落空加剧了他们对市场走势的悲观预期,在宏观经济持续增长、上市公司盈利能力提高等基本面良好的情况下,股票价格依然创出了一波又一波的新低。直至 2008 年 4 月,监管层才在前呼万唤中推出了限制大小非解禁和降低印花税的政策,此时市场信心极度涣散,补救政策已经难改股市的颓势。

第二,政策缺乏一致性。证券监管当局的调控目标是维护市场的稳定,那么在股市发生泡沫以及崩溃这两种情况下,调控政策都应该引导投资者形成理性的预期,缓解市场的过度波动。然而,我国的股市存在"调涨不调跌"的政策不一致,严重打击了投资者的信心。在 2007 年 5 月前后,针对疯狂上涨的股市,政府提出了对股民进行风险教育、提高银行准备金率及存款利率、甚至提高印花税等政策,引导理性投资,缓解流动性过剩问题,而且取得了较好的效果。然而在这轮惨烈的下跌过程中,监管层却没有及时推出切实可行的稳定市场的有力措施。何时采取措施维护市场稳定?采取什么样的措施维护市场稳定?监管者没有给投资者一个明确的信号,使投资者缺乏对市场的信心和对政策的信任度。在这种情况下,当一些利好政策出台,股市出现反弹的迹象时,由于投资者无法对未来的政策形成合理的预期,很可能选择借机离场,导致股市展开新一轮下跌,也就是使股市陷入反弹—出货—杀跌的恶性循环中。

第三,缺乏解决问题的实质性政策。从我国股市开始呈现持续下跌的趋势之时,证券监管当局多次表达了规范市场发展、维护市场稳定的意图,主流媒体也充分表达了政府对股市的信心,却一直未能出台解决具体问题的实证性政策。即使是证监会出台的《上市公司解除限售存量股份转让指导意见》,对于大小非减持问题,只是在一定程度上起到缓解作用,没有从根本上解决问题。2008 年 7 月以来,监管当局一直强调要维护市场稳定。与强大的舆论攻势形成反差的是,监管者一直未能提出实质性的维稳措施。投资者对政策的预期和真实情况之间存在巨大的差异。预期的落空引发了市场更为严重的悲观情绪,以收盘价计算,从 2008 年 7 月 28 日至 8 月 13 日的十几个交易日里上证指数下跌了 15.73%,其中有两天的跌幅都超过 4%。

6.3.3　构建我国股市应急处理机制的设想

在我国股市发展的历程中,管理层对股市的稳定与健康发展给予了高度重视。但由于我国股市处于发展的初级阶段,具有新兴加转轨的特征,至今尚未形成规范化、系统化的应急机制。管理层通常是在股市大幅下挫、持续低迷、市场信心处于极度涣散的状态下才被迫提出救市措施,而在股市高涨时又往往采用打压政策,使市场陷于“泡沫—打压—低迷—政策救市—泡沫”的恶性循环中,降低了股票市场的运作效率,阻碍了相关制度实施的长期性与稳定性。与国外成熟的股票市场相比,我国股市制度建设尚不完善,内幕交易、市场操纵等行为影响了股市的健康发展,在大量非理性交易者的跟风行为下,股市存在较大的安全隐患。更值得重视的是,在全球经济一体化的背景下,金融市场将逐步开放,我国股市还有可能受到国际游资的冲击以及国际金融危机的传染。如何针对我国股市的特定情况构建股市应急处理机制,对我国股市的持续健康发展具有重要的实际意义。

一、应急处理机制的目标和原则

股市应急处理机制以维护股市健康稳定发展,防范股市崩溃为主要目标。应急处理机制的原则是当股市面临安全问题时,从完善制度建设、运用金融调控工具的角度出发来发现和解决股市面临的风险因素,防范股市崩溃,并缓解因股市崩溃对经济体系可能产生的负面影响。

二、应急处理机制的特点

具体而言,应急处理机制的建立和实施要体现这样几个特点:

第一,及时性。应急处理机制要求对股市面临的问题作出及时、快速的反应。只有及时反应才有可能抑止情况的进一步恶化。这就要求建立起股市安全预警体系,对股市面临的风险因素和突变因素进行有效的监控,从而才能形成及时的反应机制。如果当市场已经处于崩溃的边缘,投资者信心极度涣散,任何应急措施都难以起到有效的作用。

第二,针对性。我国的股票市场处于经济转型的体制背景下,既面临发展的问题,也面临改革的问题,影响股票市场稳定性的因素错综复杂、千头万绪。

在这种情况下,当股市面临稳定性问题时,管理层需要对其中的原因进行深入分析和判断,进而提出有针对性的应急处理方案。例如,回顾我国近期来的股票市场下跌,大小非解禁和再融资计划给股票市场带来的供给冲击是一个重要而核心的原因,这来源于我国股票市场相关制度的缺失,如果管理层能推出有针对性的对策进行及时弥补,无疑能增强投资者对市场的信心。

第三,科学性。应急处理机制的实现要以科学地运用调控性的金融工具和手段为主。我国股票市场从发展之初就被烙上了"政策市"的烙印,减少政府对股市的人为干预是我国股票市场改革的重要内容之一。因此,应急处理机制的启动、运行和评价都必须建立在科学的程序之上,防止将应急处理机制演变为对市场正常运行的行政干预。

第四,协调性。当前,我国对于股票市场的监管和调控还处于一和"多头"格局,证券监督委员会、中央银行、财政部等部门的政策都会对股票市场产生重要影响。由于各个职能部门有不同的政策目标,难免其政策会对股市产生相互交错的影响。应急处理机制的实施是应对股市危机,在面对危机之时,应急处理机制的启动必须实现各部门相关政策的协调性和统一性,防止出现各个部门政策相互矛盾,打击投资者信心的情况。

7 断路器与涨跌停制度有效性比较的实验检验

断路器属于股票市场直接价格应急机制,该机制规定了以某一指数[①](一般为前一个交易日的收盘指数)为基准上下浮动一定比例为触发水平,一旦市场下跌或上涨至触发水平,交易就暂停一段时间。从影响范围来看,可以分为单个股票断路器和大盘断路器;从持续时间来看,可以分为暂停交易和永久关闭。

1987 年全球股市大崩溃之后,SEC 发布了一份布雷德利报告(Brady Report),认为断路器主要有两方面的作用:1)使交易者有时间消化市场上的恐慌,从而调整自己的交易策略和已经下达的交易指令;2)使交易系统能够减少程式交易指令,比如和指数套利相关的交易。因此,他们认为断路器制度的引入是必要的,有助于防止市场价格的剧烈波动。于是,纽约股票交易所设立了全球第一个大盘断路器。

涨跌停制度也属于直接价格应急机制。该机制将价格的波动幅度限制在一定的范围之内,一旦价格达到规定的临界水平,交易依然继续进行,但价格不能超过规定的范围。涨跌停制度在我国内地深沪两市、台湾地区和泰国等亚洲地区的股票市场中有广泛的应用。

对于这两类价格限制机制所能产生的实际效应,目前的实证研究存在较大争议。本章利用实验经济学方法,在实验室市场中分别引入价格涨跌停和断路器制度,检验在市场面临证券价值冲击和流动性冲击的情况下,两类价格限制机制对交易者行为和市场价格的影响。

---

① 大多数国家和地区的断路器都是选用一个具有一定历史、受到市场检验过的指数,如美国选用 Dow-Jones 指数,韩国选用 Kospi 指数。也有国家和地区的断路器选用两个股票现货市场是的指数作为触发基准,比如印度的大盘断路器采用孟买证券交易所的 Sensex 指数和印度国家政权交易所的 S&P CNX Nifty 指数。当其中一个指数达到触发条件后,两个市场同时启动断路器。

7.1　文献回顾

现有文献从理论模型、实证研究和实验研究三个方面讨论了价格限制机制对市场有效性的影响,但研究结果存在较大的争议。

在理论研究方面,"冷却假说"是支持价格限制机制的主要理论假说。该假说认为,价格限制机制使得市场上的交易者有机会冷静地对市场信息重新评估,从而做出相对理性的决策。例如,Greenwald 和 Stein(1991)的理论模型曾表明断路器为投资者了解市场非平衡的指令流提供了时间,有助于市场价格向均衡价格的调整。而价格限制机制的反对者也从理论上给予了反驳。他们认为价格限制会扭曲市场上的价格行为,主要表现在:价格限制会导致之后数个交易日的过度波动;价格限制会延迟均衡价格的发现;价格限制妨碍了市场上正常交易的进行;价格限制会产生一种磁场效应,在价格即将碰触临界水平时,会诱发交易者的过度反应(Subrahmanyam,1994)。

在实证研究方面,从历史上来看,针对整个市场的大盘断路器启动频率非常低,所以针对这一机制的实证研究相对比较匮乏。Lauterbrach 和 Ben-Zion(1993)检验了 1987 年全球股市大崩溃中,断路器在以色列特拉维夫证券交易所中的作用。研究表明,断路器的触发无法阻止市场长期下跌的趋势,而只能减少短期买卖双方的不平衡,从而在一定程度上减缓市场崩溃时的价格波动。Goldstein 等(2000)研究纽约证券交易所的断路器"80A 规则"[①]的效果。他们在控制其他影响变量的前提下,通过参数和非参数两种方法比较断路器启用和禁用情况下的市场波动性,结果表明断路器的启用略微降低了股价的波动性。在国内有学者对我国个股停盘机制的效应进行检验,最近的一个研究来自廖静池等(2009)。他们利用中国股票市场的数据进行了实证研究,结果显示个股复牌时刻的交易量显著低于非停牌日,而价格的波动性显著增加,复牌 1 小时内的交易量和价格波动性都高于非停牌日的平均水平。此外,还有相当多的实证研究对涨跌停制度的有效性进行了检验(例如,Kim 等,1997;吴林祥,2002;孙培源,施东晖,2001),但由于研究方法、研究数据存在差异,研究结论尚存在争论。

　　[①]　"80A 规则"在 1999 年调整为"根据上一季度最后一个月 DJIA 平均收盘价的 2%,并取整至最近的 10 个指数点,作为本季度的 80A 规则的买卖报价限制:当股指变动回至上一季度最后一个月 DJIA 平均收盘价的 1%以内时,买卖报价限制取消"。

在实验经济学领域,自 Smith 等(1988)对证券市场理性预期进行实验检验以来,大量的研究主要关注于利用实验方法检验各类制度安排是否有助于提高证券市场的信息有效性以及消除市场的价格泡沫。King 等(1993)将涨跌停制度引入实验室模拟证券市场中,规定交易过程中,价格的涨跌幅以单期期望分红的两倍为临界水平 。实验结果表明,涨跌停制度不能阻止价格偏离及过度波动,同时显著减少了交易量。杨晓兰(2007)研究了以前期价格为参照基准的动态涨跌停制度在实验室市场的效应,证明了动态涨跌停制度能够提高市场的有效性。Ackert 等(2001)是最早应用实验方法检验断路器有效性的研究。实验结果发现断路器对纠正价格偏离无明显效果;其次,断路器的启用明显减少了交易量,抑制了市场流动性。

与现有研究相比,本章的创新点体现在两个方面,第一,在我们了解的范围内,这是首次对涨跌停制度和断路器制度进行比较的研究,我们得出的结论有助于理解价格限制制度有效性的行为机理,进而为证券市场制度设计提供行为依据;第二,在现有的实验文献中,例如,King 等(1993),Ackert 等(2001),市场的风险仅来源于每期证券价值的不确定性,我们设计的实验市场则面临两类市场风险,一是证券面临价格变化冲击,二是市场面临流动性冲击。这两类冲击的设计是为了对证券价格波动的现实原因进行模拟,例如中国证券市场在2007—2008 年下跌的两个重要原因是经济前景不明朗影响了上市公司的预期价值、中央银行紧缩性的货币政策影响了市场的流动性[①]。本章的研究旨在建立一个更符合中国现实背景的市场环境,通过观察中国被试者在实验中的交易行为,检验断路器和涨跌停板能否对抑制投资者非理性决策产生一定的效应。

7.2　实验设计

为了实现我们的研究目的,实验设计包括几个关键的环节:实验参与人与实验市场的基本情况、价值变动冲击、流动性冲击、交易机制、价格限制机制等。

一、实验参与人与实验市场的基本情况

我们的实验参与人全部来自浙江大学的本科生和研究生,实验通过联网的

[①]　导致 2007—2008 年中国证券市场下跌的原因还有很多,例如大小非减持、上市公司巨额融资计划等。简单的实验市场无法对现实市场进行精确的模拟。从实验的可控制性出发,我们仅考虑了价格冲击和流动性这两个因素。

计算机来实现。编写和执行程序的软件为 Z-Tree(Fischbacher,2007)。实验的进行时间在 2009 年 11 月至 2011 年 3 月之间。参与实验的学生共 104 人,实验中每 6~7 名学生组成一个交易市场,每位交易者在交易初始被赋予 12 000 元虚拟现金与 10 个单位的证券。12 000 元现金中有 4000 元为无息借款,8000 元为自有资金。市场包括连续的 20 个交易周期,每周期持续 2 分钟,周期之间间隔 30 秒。周期之间的交易暂停阶段,电脑屏幕向交易者显示其在本周期的总资产和收益情况。在市场的交易周期里,交易者可以用现金买入证券,也可以卖出持有的证券。

二、证券基础价值

我们的实验设计是建立在随机走游模型的基础上,实验中证券市场基本特征的设计借鉴了 Caginalp 等(2002)与 Lin 和 Rassenti(2012)的想法[①],证券基础价值的理论模型与 Lin 和 Rassenti 相同。

实验中每单位证券的初始账面价值 D_0 为 12 000 元。市场连续进行 20 个交易周期,每周期证券的价值会受到一个随机冲击 ε,而发生变化。有关冲击的信息在每一期都得到更新,这类似于现实中上市公司在每个季度末都会发布有关盈利变化的报告。各期的冲击是相互独立地分布的。在第 20 期结束之后,市场停止交易并进入第 21 期。在 21 期,股票还会受到一次正向或者负向的冲击,电脑屏幕将会公布证券在经过总共 21 次价值变动冲击后的最终价值,并由此计算证券持有者的最终收益。

根据证券价值的随机游走模型,第 t 期账面价值 D_t 等于初始价值 D_0 与一系列冲击之和:

$$D_t = D_0 + \sum_{i=1}^{t} \varepsilon_i, \ t = 1,2,3,\cdots,21 \tag{7.1}$$

为了简化起见,我们假定在每一期证券有 50% 的概率受到正向的冲击,即好消息,账面价值会比上一期增加 x;也有 50% 的概率会受到负向的冲击,即坏消息,账面价值减少 y。的期望值为 $0.5(x-y)$。在我们的实验中,证券的初始价值以及价值冲击的分布情况对所有投资者而言是一种公共信息。在每一期,投资者能够得到本期受到的冲击是 x,还是 $-y$ 的信息。在这种情况下,在任意 t 期,证券在受到本期的冲击之后,还将继续受到 $(21-t)$ 次冲击,未来累计冲击

---

① Caginalp 等设计了一个持续 20 期共 42 分钟的证券市场实验,实验中信息每期更新一次,告知投资者该期证券的价值与上期相比是上升了,还是下降了,如上升 4% 或者下降 1%;Lin 和 Rassenti 的实验持续 10 期,每期会给出一个更新信息,告知证券在本期受到的冲击是正向的,还是负向的,如上升 40,还是下降 40。

的期望值为 $0.5*(21-t)(x-y)$。

假定市场利率为零,也就是市场跨期的贴现率为零,证券在每一期的基础价值(fundamental value)V_t 等于证券最终账面价值的期望值 $E(D_{21})$,并由下列公式决定:

$$V_t = E(D_{21}) = E(D_t) + E(\sum_{i=t+1}^{21} \varepsilon_i) = D_t + 0.5(21-t)(x-y) \quad (7.2)$$

根据有效市场理论,在一个有效的证券市场中,价格能够迅速地、正确地反映市场信息的变化,实验市场的价格水平将与公式(7.2)一致。然而,交易者往往存在对信息的过度反应或者反应不足,导致证券价格偏离其基础价值。本文实验的目的就是检验涨跌停制度和断路器制度的引入是否能减少市场价格对证券基础价值 V_t 的偏离。

三、看涨市场与看跌市场

我们设计了两种不同类型的随机冲击条件来区分不同的市场条件。看涨市场(upward trending market)指证券的期望价值随时间递增;看跌市场(downward trending market)指证券的期望价值随时间递减。在看跌的市场中,交易者被告知,证券的价值每期有 50% 的概率增加 40 元,有 50% 的概率下降 60 元;在看涨的市场中,证券的价值每期有 50% 的概率增加 60 元,有 50% 的概率下降 40 元。如表 7.1 所示,在看涨的市场中,每期的期望冲击大于 0,而在看跌的市场中,每期的期望冲击小于 0。

表 7.1　两种不同类型市场下的冲击

概率	冲击	看涨市场	看跌市场
$p=0.5$	$+x$	$+60$	$+40$
$q=0.5$	$-y$	-40	-60
期望值	$0.5(x-y)$	10	-10

综合考虑两个市场,是独立分布的,且均值为 0。在实验中,每周期的价值变化冲击影响了市场的基础价值和账面价值,而价值变化冲击分布的不同带来了市场预期看涨或者看跌。

在公式(7.1)中,实验市场中每个周期的冲击 是随机决定的,但是如果在各个市场中随机生成不同的冲击,可能会影响实验比较价格限制效应的目的。例如,假设在一个有价格限制的市场中,负向冲击随机最终出现了 16 次;而在一个无价格限制的市场中,负向冲击随机最终出现了 10 次,我们很难根据两个市场价格的比较来判断价格限制的市场效应,因为正、负冲击实现的差异很可能会对两个市场造成不同的影响。有鉴于此,我们根据随机原理,在实验之前首先生成了第一个看跌市场的冲击情况,然后在其他所有看跌市场中完全复制了一样的冲击情况,使市场之间的价格具有可比性。看涨市场的价值冲击则是看跌市场的反向复制,当看跌市场出现+40的正向冲击时,看涨市场出现−40的负向冲击;当看跌市场出现−60的负向冲击时,看涨市场出现+60的正向冲击。根据公式(7.2),基础价值 V_t 和账面价值 D_t 随时间变化的关系如下:

$$V_t = D_t + 0.5(21-t)(x-y) \tag{7.3}$$

其中,看跌市场中,x 等于40,y 等于60;看涨市场中 x 等于60,y 等于40。将 x 和 y 值带入上式,两类市场价值冲击导致证券基础价值 V_t 的变化情况参见图7.1,图中还显示了账面价值 D_t 的变化情况。

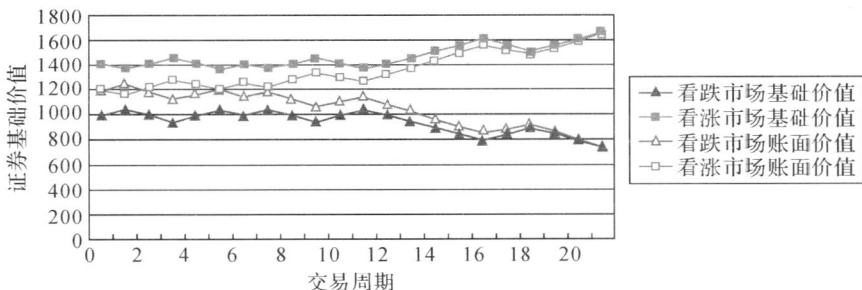

图7.1 看涨和看跌市场价值冲击带来的基础价值和账面价值的变化

四、流动性冲击

在真实的证券市场中,市场价格波动还可能会受流动性的影响。在交易者进行决策的过程中,其持有的资金数量对决策行为产生了很大的约束作用。例如,流动性不足的市场中,一方面,交易者没有足够的资金支持他们不断以高于基础价值的价格购入证券,因而市场成交价格会有更大可能性接近于基础价值;另一方面,市场流动性的突然大幅减少,影响了经济主体的融资能力,股价面临下降的压力,可能会带来市场的恐慌情绪。为了控制因流动性不同而对交易者决策行为产生的不同影响,在本实验中,除了在每个周期证券的价值都会受到随机冲击之外,市场还将受到流动性冲击。

在实验开始之前,交易者被告知每人持有12 000元现金与10个单位的证券,其中有4000元无息借款,在实验进行过程中实验程序将会随机选取一期要求一次性偿还这4000元借款。偿还借款后,现金流为负的交易者,将不能继续买入证券。有关偿还借款的信息会在 $t-1$ 期向交易者公布,使交易者有时间调整投资组合,使其持有足够的现金以偿还借款。为了使各个实验之间具有可比性,我们在第一次实验中随机决定了还款期为第 16 期,并在其他各次实验中复制了这一情况。也就是说在每次实验中,交易者在第 15 期被告知在下期需要偿还借款,在第 16 期中交易者的现金账户将自动减少 4000 元。

五、交易机制

市场交易在连续双向拍卖的基础上进行,交易者可以主动报出买价或卖价,等待其他交易者接受该价格,以此价格成交;也可以接受其他交易者已经提出的报价,要求成交。每次成交为 1 个单位的证券。按照双向拍卖的规则,在交易界面上,买入报价按从低至高排列,卖出报价按从高至低排列。

六、价格限制触发条件设计

价格限制的触发是针对市场的过度反应,因而需要对市场过度反应进行界定。根据公式(7.3),我们可以计算出市场价格的理性波动。如果 t 期受到的价值冲击是正向的,ΔV 应该为 50;而当 t 期受到的冲击是负向时,ΔV 应该为 -50(表 7.2 列出了各种情况下 ΔV 的计算结果)。也就是说在理性预期的条件下,市场价格对新信息的反应在每一期都应该是上升 50 或者下降 50。

表 7.2　价值冲击下前后交易周期基础价值的变化

t 期价值冲击	$x-y$	账面价值的变动($D_t - D_{t-1}$)	基础价值的变动(ΔV)
$+40$	-20	40	50
-60		-60	-50

注:$\Delta V = V_t - V_{t-1} = D_t - D_{t-1} - 0.5(x-y)$

根据这一结果,我们将实验市场中断路器和涨跌停制度的触发条件设置为理性价格波动的 2 倍,即 100 元。我们认为超过理性价格波动的一倍是投资者对新信息的过度反应,断路器机制的作用是暂停市场交易,让投资者有足够的时间冷静思考,重新对股票价值进行估值;涨跌停制度的作用则是向投资者提示价格水平的波动幅度已经超出正常范围。在我们的实验中,以上一期最后成交价格为下一期触发条件设置的参考标准,若上一期市场上没有任何成交,则以上一期股票账面价值替代。

具体而言,在存在断路器的市场中,当股票成交价格超过上一期收盘价 100,或低于上一期收盘价 100,则断路器被触发,市场暂停交易 30 秒。中断结束后,实验参与人将重新回到市场,继续交易。若再次达到触发条件,市场将继续暂停 30 秒。如果本期剩余交易时间不足 30 秒时断路器被触发,则市场关闭至本期结束。断路器触发的流程图如图 7.2 所示。在有断路器的实验市场中,交易者能够在界面上看到当期的断路器触发临界值。在存在涨跌停的市场中,交易者提交报价和要价的范围被限制在[上期收盘价格－100,上期收盘价格＋100]之内,该临界值同样会呈现在交易界面上。在涨跌停制度的市场中交易不会被暂停。

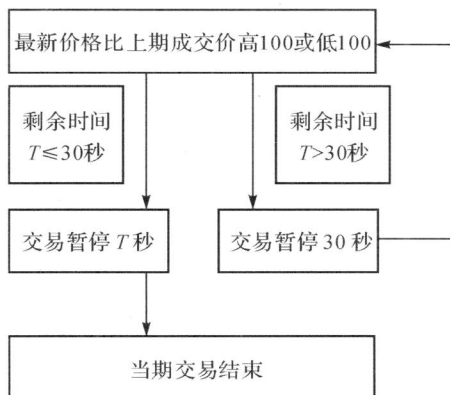

图 7.2　断路器触发流程框图

考虑到交易者的经验和学习机制,我们认为如果从一开始设置断路器或者涨跌停制度会阻碍股票价格的正常发现。因此,在实验的前 5 期,我们没有设置断路器或者涨跌停,实验参与人可以以任意价格买卖股票,而不会影响市场交易过程。在市场第 6～20 个周期里,断路器或者涨跌停制度被引入。

七、实验分组及编号

在看跌的实验环境下,我们的实验一共包括三组:没有价格限制的基准实验组一、有断路器的实验组二和有涨跌停的实验组三。同样,在看涨的实验环境下,也有三组实验,分别为基准实验组四,断路器实验组五和涨跌停实验组六。每组实验重复进行 2～3 次,共有 17 个独立的实验市场。实验市场的编号及其市场环境如表 7.3 所示。

表 7.3　实验环境与实验编号

实验组名称及编号	实验市场编号	市场环境	断路器制度	涨跌停制度
基准实验组一	1,2,3	看涨	无	无
断路器实验组二	4,5,6	看涨	有	无
涨跌停实验组三	7,8	看涨	无	有
基准实验组四	9,10,11	看跌	无	无
断路器实验组五	12,13,14	看跌	有	无
涨跌停实验组六	15,16,17	看跌	无	有

八、实验过程与参与人报酬

实验过程包括以下几个阶段,第一,由实验者宣读实验说明,讲解实验过程和操作方法,使市场规则、市场条件、证券价值等成为公共信息;第二,进行两个周期的测试性实验,让实验参与人尽可能熟悉发出买卖指令的方法和成交的规则,测试阶段的收益不计入最后的总报酬;第三,进行21个周期的正式实验;第四,参与人根据实验中的总资产获得货币报酬。

每个交易者的总资产可以通过如下公式来计算:

最终总资产＝期末持有的证券数目×证券的最终价值＋期末持有的现金

(7.4)

在实验结束后,每个交易者根据其最终总资产按照一定比例换算成人民币,获得真实的报酬。在我们的12次实验中,参与人获得的平均报酬约为15元,每次实验的时间在1小时左右。该报酬与本科学生参加校园勤工俭学的工资基本一致,基本能够对参与人起到有效的激励作用。

7.3 实验结果

7.3.1 变量与描述性统计

我们招募了浙江大学的本科生和研究生,参加了六组共17个市场的实验,共采集2485个成交价格观察值。为了对实验市场的交易者行为进行描述和计量分析,我们应用了如下指标变量:每周期成交量 TV_t(Trade Volume)、每周期平均成交价格 AP_t(Average Price)、平均绝对价格偏离 APD_t(Average Price Deviation)、平均相对价格偏离 $ARPD_t$(Average Relative Price Deviation)和价格波动 APV_t(Average Price Volatility)。其中,平均价格绝对偏离 APD 衡量了每个交易周期平均成交价格偏离基础价值 V_t 的幅度,计算方法如下:

$$APD_t = |AP_t - V_t| \tag{7.5}$$

ARPD 则衡量了价格相对于基础价值的偏离程度,计算方法为:

$$ARPD_t = |AP_t - V_t|/V_t \tag{7.6}$$

APV 衡量了每周期平均价格相对于上周期平均价格的波动情况,计算方法为: $APV_t = |AP_t - AP_{t-1}|/AP_{t-1}$ (7.7)

6组实验市场上述变量的描述性统计见表7.4。前三组实验是在市场看涨的环境下,与没有价格限制的实验一相比,引入断路器的实验二在成交量、平均价格、价格偏离等指标上没有明显变化,而引入价格涨跌停的实验三中,成交量下降,价格偏离基础的程度和波动幅度都有所提高。后三组实验同处于看跌的市场环境,断路器实验组每周期的平均成交量低于基准实验,市场价格对基础价值的绝对偏离 APD 和相对偏离 ARPD 都低于基准实验;但是涨跌停实验组的价格偏离程度和市场波动程度都高于基准实验组。

表 7.4 实验结果的描述性统计

变量 实验组	TV		AP		APD		ARPD		APV	
	均值	标准差	均值	标准差	均值	标准差	均值	标准差	均值	标准差
一	10.367	4.878	1340.391	105.901	118.412	71.426	0.081	0.049	0.019	0.017
二	10.033	7.131	1351.064	115.323	118.170	93.562	0.080	0.065	0.030	0.049
三	4.550	2.773	1540.657	344.868	323.934	316.424	0.223	0.211	0.137	0.282
四	9.483	7.084	1115.268	107.044	174.929	67.440	0.187	0.081	0.020	0.030
五	5.367	4.270	1097.680	150.289	157.453	85.844	0.164	0.087	0.031	0.031
六	3.133	2.521	1138.767	177.622	221.374	139.948	0.238	0.194	0.063	0.194

从平均水平上看,在看跌的市场环境下,断路器在降低市场非理性偏离上起到了一定的作用,价格涨跌停的效应则与此相反。为了更直观地观察和比较样本数据的特点,我们将看跌市场的三组实验数据绘成图 7.3—图 7.5。图中的基础价值代表价格的理性水平。

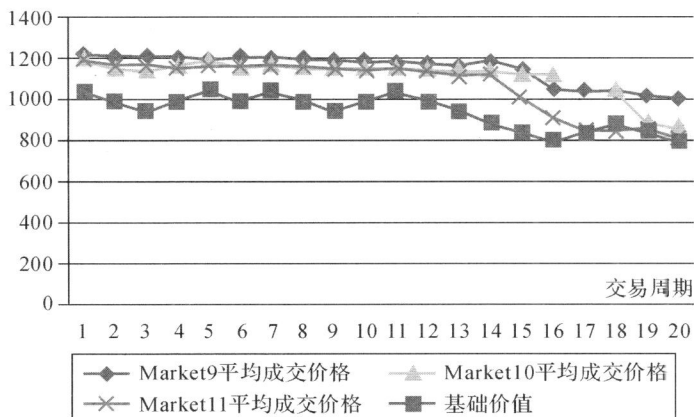

图 7.3 实验组四的市场平均成交价格(基准实验,看跌市场)

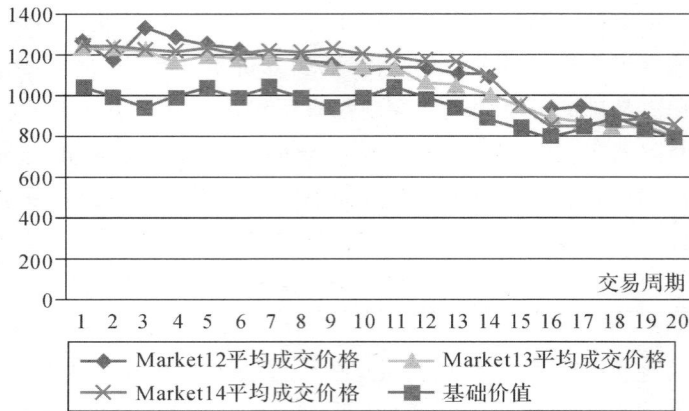

图 7.4　实验组五的市场平均价格（断路器实验，看跌市场）

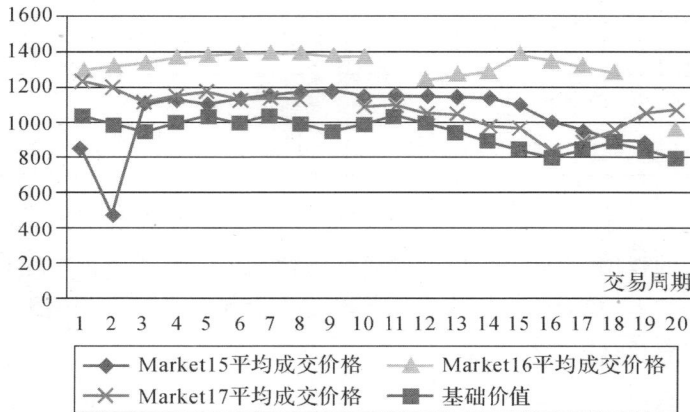

图 7.5　实验组六的市场平均价格（涨跌停实验，看跌市场）

　　从图 7.3 中我们可以看到，在基准实验组的三个市场中都出现了显著的价格泡沫，也就是市场价格正向偏离基础价值。这意味着在这三组市场中，市场虽然每期面临的冲击的预期值为－10，而实验参与人大多高估了股票价值。这一现象可以解释为交易者认知存在短视性，交易者的决策行为更多地参考市场当期的账面价值，而没有合理估计到未来将要受到的负向冲击，从而导致价格高估。随着交易周期的进行，新的市场信息持续披露，股票价值受到不确定的冲击的次数逐步减少。直至最后几个交易周期，市场的最终价值将要得到确认，交易者的认知偏差才得到修正，市场价格最终收敛于基础价值。

　　断路器实验组的平均成交价格显示在图 7.4。对比图 7.3 基准实验组和图

7.4 断路器实验组,我们发现尽管断路器实验组的市场价格在前 5 期的价格偏离明显大于基准实验组,但之后的表现较基准实验组更为理性,特别是在市场价值持续下跌的第 11 至第 16 周期,断路器实验组的价格体现出向理性价值的快速收敛,并在最后几个交易周期基本上回归到理性价值水平附近。

图 7.5 显示,在存在价格涨跌停的实验组中,价格的波动幅度较大,市场在多个周期未出现成交。尤其是实验市场 15,价格在初期显著低估,在第三周期起出现反转,价格泡沫持续至第 17 周期。价格涨跌停制度的存在没有降低市场的非理性偏离,反而阻碍了市场交易的实现。

7.3.2 回归分析

从上述的描述性统计,我们可以看到断路器在抑制市场价格偏离方面的效应。为了得到更科学、更可靠的验证,我们进一步运用回归分析的方法来分析实验数据。由于断路器实验组和涨跌停实验组都是从第 6 个交易周期开始设置价格限制制度,因此回归方程的数据来自每个市场第 6 至第 20 周期。

表 7.5 显示了基于基准实验组一、四和断路器实验组二、五的回归结果,方程的因变量分别是平均价格偏离 APD,平均价格相对偏离 ARPD,成交量 TV,平均价格波动性 APV,以及交叉变量 BREAK×EXP。方程引入的自变量包括交易周期 t、市场预期 EXP、市场流动性冲击 LIQ、断路器 BREAK。其中,EXP,BREAK 都是虚拟变量。当市场价值冲击期望值大于零时(即看涨的市场),EXP 为 1,否则为 0;当市场存在断路器时,BREAK 为 1,否则为 0。变量 LIQ 用来衡量市场是否受到流动性冲击的影响。在实验初始,交易者被赋予的初始禀赋中有 4000 元为无息借款,且在实验进行的随机一期,如第 t 期中会被要求归还借款,交易者在 $t-1$ 期被提前告知还款信息。在我们进行的 18 次实验中,t 被随机选为第 16 期。考虑到交易者在第 15 期被告知第 16 期需要偿还借款,我们认为第 15 和 16 期交易者的行为都可能受到这个流动性冲击的影响,因此当 t 等于 15 或者 16 时,LIQ 等于 1,否则等于 0。

从表 7.5 回归方程(1)和(2)中,我们可以发现 BREAK 变量的系数在 1% 的置信水平下都显著为负,这表明断路器机制的存在显著减少了市场的平均价格偏离和平均价格相对偏离程度。EXP 的系数显示市场看涨情况下,市场价格的非理性程度低于市场看跌的情况。进一步我们发现,BREAK×EXP 的系数在方程(1)和(2)中都大于零,这表明在市场看跌的情况下,断路器机制在降低价格偏离和价格相对偏离的效应显著大于市场看涨的情况。其原因在于在看跌的市场环境下,证券价值冲击期望值为负,交易者大多没有预期到未来的负向冲击,因此往往高估股票价值,市场出现显著的价格泡沫。在市场的后几个交易周期中,证券价值持续下跌,市场还遭遇到流动性减少的冲击,市场价格过度波动导致断路器触发,交易的暂停使得交易者有时间重新对股票价值进行评估,调整之前的买卖策略,从而促使价格向价值收敛。

此外,回归方程(1)和(2)中周期 t 的系数显著小于零,表明投资者随着交易周期的进行其非理性程度逐步降低,体现出一定的学习效应;LIQ 的系数显著大于零,意味着流动性冲击显著提高了市场的非理性偏离。

回归方程(3)显示,在控制了其他自变量的情况下,BREAK 变量系数显著为负,表明断路器机制对成交量有抑制作用,这与断路器触发减少了每周期有效交易时间有关;BREAK×EXP 的系数显著大于零则表明这种抑制作用在市场看跌的情况下尤为显著。回归方程(4)显示断路器制度对市场的价格波动没有显著影响。

表 7.5　回归结果(基准实验组和断路器实验组)

自变量 ＼ 因变量	(1) 平均价格偏离 (APD)	(2) 平均价格相对偏离 (ARPD)	(3) 成交量 (TV)	(4) 平均价格波动 (APV)
常数	227.609*** (12.33)	0.241*** (14.16)	11.000*** (11.68)	0.004 (0.54)
交易周期	−5.019*** (−4.13)	−0.005*** (−4.25)	−0.253*** (−4.10)	0.001** (2.47)
断路器	−40.533*** (−2.79)	−0.049*** (−3.66)	−3.756*** (−5.11)	0.008 (1.56)
流动性冲击	69.491*** (4.44)	0.068*** (4.73)	−1.291 (−1.65)	0.025*** (4.34)
市场预期	−61.482*** (−4.23)	−0.114*** (−8.49)	1.267* (1.72)	−0.003 (−0.49)
断路器×市场预期	40.097* (1.96)	0.048** (2.53)	2.689** (2.59)	−0.008 (−1.03)
R^2	0.241	0.445	0.3076	0.1761
样本量	177	177	180	174

注:*** 表示在 1% 的置信水平下显著;** 表示在 5% 的置信水平下显著。在 12 个市场共 180 个交易周期中,有 3 个周期没有发生交易,因此 APD 和 ARPD 的回归方程有 177 个样本量,APV 有 174 个样本量。

表 7.6 回归结果(基准实验组和涨跌停实验组)

自变量 \ 因变量	(5) 平均价格偏离 (APD)	(6) 平均价格相对偏离 (ARPD)	(7) 成交量 (TV)	(8) 平均价格波动 (APV)
常数	252.052*** (5.23)	0.240*** (6.17)	9.577*** (10.35)	-0.054 (-1.44)
交易周期	-7.425** (-2.29)	-0.005*** (-1.98)	-0.149*** (-2.43)	0.005** (2.1)
价格涨跌停	40.352 (1.10)	0.046 (1.56)	-5.133*** (-7.33)	0.008 (0.28)
流动性冲击	118.016*** (2.94)	0.113*** (3.5)	-0.765 (-0.98)	0.050 (1.58)
市场预期	-61.482* (-1.71)	-0.114*** (-3.91)	1.267* (1.81)	-0.003 (-0.09)
价格涨跌停* 市场预期	184.598*** (3.36)	0.107*** (2.42)	-0.067 (-0.06)	0.115*** (2.68)
R^2	0.1981	0.2262	0.4253	0.1603
样本量	157	157	165	149

注:*** 表示在 1% 的置信水平下显著;** 表示在 5% 的置信水平下显著。在 11 个市场共 165 个交易周期中,有 8 个周期没有发生交易,因此 APD 和 ARPD 的回归方程有 157 个样本量,APV 有 149 个样本量。

表 7.6 中的回归方程(5)~(8)是基于基准实验一、四和涨跌停实验组三、六数据的回归结果。与表 7.5 中的回归方程(1)~(4)相比,回归方程(5)~(8)用表示价格涨跌停制度的虚拟变量 PL 替换了表示断路器的虚拟变量 BREAK,同时用交叉变量 PL×EXP 替换了 BREAK×EXP。虚拟变量 PL 意味着当有涨跌停制度时为 1,否则为 0。回归结果显示,涨跌停制度对于降低市场的非理性程度没有起到显著的作用,却显著降低了市场的成交量。回归方程(5)、(6)、(8)中 PL×EXP 的系数都显著大于零,这表明在市场看涨的情况下,涨跌停制度导致的价格偏离程度和市场波动性都显著高于市场看跌的情况。

对比表 7.5 和表 7.6 的各个回归方程结果,我们发现总体情况来看,在抑制证券市场价格非理性偏离上,断路器机制所起到的作用显著优于涨跌停制度。

我们对断路器的实验检验结果与 Ackert 等(2001)存在较大的差异,在他们的实验中并没有发现断路器有助于提高市场效率。我们认为这一差异可能来自于 Ackert 实验设计的两个问题:第一,他们的实验采用双边口头拍卖,而没有用计算机交易,这本身就影响了交易的连续性,无法真实反映"交易暂停"对交易者投资行为的影响;第二,更为重要的是,在他们的实验中,断路器是以一定的概率被触发的,也就是说即使价格达到了临界条件,断路器并不会一定触发,这使交易者存在断路器可能不会触发的侥幸心理,从而影响了断路器发挥应有的作用。我们的实验对这两个问题进行改进,证实了断路器存在一定的积极效应。

7.3.3　价格限制制度的触发及其影响

描述性统计和回归分析证明了实验市场中断路器制度的效应显著优于涨跌停制度,尤其是在市场看跌的情况下,断路器机制在降低市场价格非理性偏离上起到了明显的作用。断路器和价格涨跌停制度是如何影响投资者的决策和预期的? 鉴于实验研究方法的优势,我们可以观察到价格限制制度触发之后交易者行为的变化,为两类制度的作用机制提供直接的行为依据

一、断路器的触发情况

在设置了断路器的实验组二和实验组五中,除实验市场 Market 12 之外,其他 5 个市场都发生了价格变化超过临界值而触发市场交易暂停的情况。以看跌市场为例,Market 13 中在第 12 期和 15 期各发生了一次暂停,Market 14 中在第 15 期和 16 期分别发生了两次和一次暂停。从实验设计来看,第 12 期到 16 期股票受到来自市场连续的负向冲击,同时在第 15 期时实验参与人被告知在第 16 期偿还 4000 元无息贷款。在价值冲击和流动性冲击的共同作用下,容易引起市场的恐慌心理,出现非理性的成交价格。这也从某种程度上解释了为什么断路器的触发主要发生在 12 期至 16 期之间。

为了分析断路器对实验参与人决策行为的影响,我们比较了看跌市场每一次断路器触发前后市场上所有实验参与人的报价。如果在某一期中有断路器触发的记录,我们计算这一期中各个市场报价偏离证券基础价值的程度(即报价减当期基础价值,并取绝对值),求出报价的绝对价格偏离 APD;然后计算断路器发生之前报价的平均绝对偏离(记为 Before-APD)和断路器发生之后的报价平均绝对偏离(记为 After-APD),并按如下公式计算断路器对报价行为的影响效应:

$$\text{Limit-Effect} = \text{Before-APD}/\text{After-APD} \tag{7.8}$$

如果该指标大于 1,这意味着断路器触发之后报价的非理性程度降低,也就

是说断路器的触发使市场上的报价更趋于理性;如果该指标小于 1,则认为断路器的触发对抑制价格偏离有反向作用。如表 7.7 所示,在两个市场总共 5 次触发断路器的情况中,有 4 次断路器触发之后参与人的报价水平比之前更趋于理性预期的均衡水平。

表 7.7   断路器触发情况及前后市场报价比较

实验序号	触发时间	交易暂停时间(秒)	Before-APD	After-APD	Limit-Effect
Market 13	第 12 期	30	130.8	123.1	1.06
	第 15 期	30	160	133.8	1.20
Market 14	第 15 期	30	326.7	210.9	1.55
	第 16 期	30	157	187.3	0.84
	第 16 期	11	123.8	100	1.24

二、涨跌停的触发情况

在存在涨跌停制度的 5 个市场中,除了 Market 16 之外,其他 4 个市场中都出现了价格水平触发涨跌停的现象。其中看涨的市场中,Market 7 出现了 8 次跌停,Market 8 出现涨停和跌停各 1 次;在看跌的市场中,Market 15 跌停 1 次,Market 17 涨停和跌停各出现两次。我们具体分析了 Market 7 的情况,市场每周期的平均价格如图 7.6 所示。图 7.6 显示,Market 7 中的交易者在市场初期出现了较大的估值偏差,从第 3 周期至第 5 周期,平均价格水平显著高于基础价值。从第 6 周期开始,市场设置了涨跌停制度,每周期的价格变化幅度不能超过上一期收盘价格的上下 100 元,这一制度的设置阻碍了价格向价值的回归

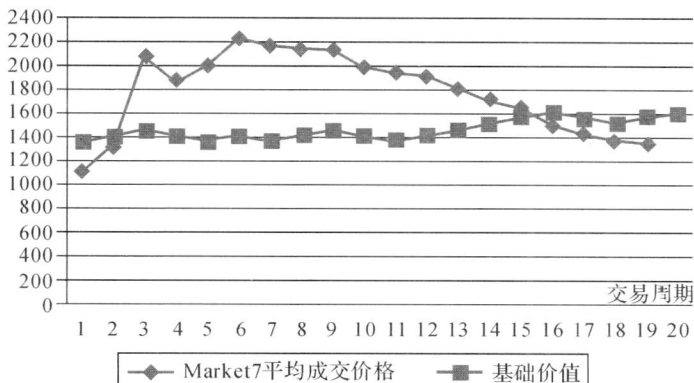

图 7.6   实验市场 7 的市场平均价格(涨跌停实验,看跌市场)

过程,导致市场价格泡沫一直持续。市场出现了 8 次跌停以矫正前期价格的过度反应。假设不存在涨跌停制度,交易者通过学习发现了价格水平的偏离,可以迅速将价格水平回归至理性水平,而涨跌停制度的存在则阻碍了这一过程的实现。从 Market 7 的情况我们可以看到,涨跌停制度的存在,降低了市场信息的有效性。

7.4 结论及讨论

本章设计了一种面临证券价值变动冲击和流动性冲击的实验室市场,分别引入了对市场价格进行限制两种机制——断路器和涨跌停,检验和比较两种制度的设置能否减少交易者决策的非理性程度,提高市场的信息有效性。我们得出的实验结论包括以下几点:第一,断路器的存在显著抑制了价格对理性预期价值的偏离,提高了市场的信息有效性;第二,断路器抑制价格非理性偏离的效应在看跌市场中比看涨市场更为显著;第三,对比断路器触发前后市场的报价数据,我们发现在大部分情况下,断路器启动后市场交易者的报价行为更趋近于理性的水平;第四,断路机制的触发导致了市场交易时间的减少,显著降低了市场的交易量;第五,断路器在促进市场价值发现的过程中,并没有显著增加市场价格的波动;第六,涨跌停制度没有显著影响市场价格的非理性偏离;第七,涨跌停制度显著降低了市场的成交量;第八,涨跌停制度的存在,阻碍了价格对新信息的有效反应。

我国股票市场从 1996 年 12 月 16 日开始对普通 A 股实行 10 % 的日涨跌幅限制、从 1998 年起对 ST 股票实行 5 % 的限制。现有的实证研究对我国涨跌停制度的有效性存在较大的争议,在现实股票市场中涨跌停制度的局限性体现在两个方面。第一,当上市公司宣布重大利好消息后,股价会持续多个交易日出现涨跌,与此相反,当重大利空宣布后,股价会持续多日出现跌停。这些现象意味着在一些情况下每日 10%的涨跌幅度不足以对重大信息进行有效反应,涨跌停制度限制了价格对价值的发现过程,导致市场反应不足。第二,在另一些情况下,涨停板通常会强烈吸引投资者的关注,引发大量散户的从众行为,从而刺激了市场的过度反应。Seasholesa 和 Wu(2007)的实证研究为此提供了依据,他们发现证在中国的股票市场中由于电视新闻、网络媒体会对每天涨停的股票进行报道,因此股票涨停会带来投资者关注度的提高,涨停会显著带来基于关注力的买入行为。我们的实验结果为"反应不足"现象提供了依据,即涨跌停板限制了价格向价值的收敛。

断路器作为一种证券市场价格限制机制，在现实市场中触发比较少，因而关于断路器的有效性缺乏足够的观察样本。本章通过实验经济学的方法，检验了断路器对交易者决策行为的影响，为断路器的有效性提供了一定的行为依据。与涨跌停制度相比，断路器既向交易者发出了价格波动幅度过大的信号，提供了冷静思考的时间，又没有阻碍交易的继续进行，在促进市场价值发现功能上具有更大的优势。断路器能够在一定程度上避免对新信息反应不足的情况，但依然不能克服由于触发交易暂停吸引交易者关注度，导致反应过度的情况。

总体上来看，在我们实验所设计的条件下，断路器比涨跌停发挥了更有效的作用。其中可能的原因是实验中的交易者处于对市场价值的学习过程，当市场出现偏离理性预期的价格泡沫或者负泡沫时，断路器的触发向交易者发出了信号，并且没有阻碍价格向价值的回归；而涨跌停制度下，市场需要更长的时间来修正价格对价值的偏离。

是否需要在我国股票市场引入断路器机制是一个需要继续探讨的话题。限于实验条件和研究能力的局限性，本章的研究还仅是探索性的，在未来可以通过以下三个方面的深入实验为在现实中设计断路器制度提供更为可靠的依据：第一，比较不同交易暂停触发临界条件对交易者行为的影响，过低的临界值会导致交易暂停的频繁触发，从而妨碍市场正常交易的进行；而过高的临界值则有可能难以触发，无法起到限制价格偏离合理水平的作用，因此探索合理的临界水平是断路器机制设计的关键环节。第二，设计信息不对称的实验市场结构，并在实验中增加交易暂停期间交易者之间的信息传递环节，检验交易暂停机制是否能够有助于市场信息的有效扩散，从而消除交易者过度乐观或者过度悲观的情绪，引导更为理性的定价行为。第三，在人类被试实验基础之上，引入基于 Agent 的计算实验研究方法，利用计算机仿真技术具备的复杂性‑自适应性的优势，突破人类被试实验在期限、人数上的限制，考察在更逼近现实市场的环境下，断路器机制的有效性。

8   总结与政策建议

本书前述章节在分析股市安全机制和原理的基础上,综合利用了行为金融学、计算机科学、实验经济学等学科的方法,建立了股票安全预警系统,分析了各类股市应急处理机制的原理和应用情况,并且对断路器、涨跌停制度这两类应急处理机制进行了实验检验。在本章,我们将对股市安全预警与应急处理机制的框架和体系进行总结,提出建立我国股票市场安全预警与应急处理机制的相关政策建议。在讨论政策建议之前,我们还进行了一项针对投资者的问卷调查,以分析投资者对相关政策效果的预期。

8.1   股票市场安全预警与应急处理机制的总结

推动经济平稳较快发展和加快经济结构战略性调整是当前我国经济社会发展的重要目标。金融市场是经济体系的核心部分,包括股票市场在内的金融市场的稳定发展对经济发展和经济结构调整具有重要的意义。温家宝总理在多次政府报告中指出,必须"推进资本市场改革,维护股票市场稳定发展"。我国的股票市场处于发展的初级阶段,相关制度并不完善,在复杂的国内外经济条件下,股票市场发展面临较大的风险,股市安全预警体系和应急处理机制设置的根本目标就是降低股票市场出现危机的可能性,并减少危机对经济体系产生的负面影响,维护股票市场的稳定发展。

股市危机的爆发根源于经济条件的不确定性以及投资者对这种不确定性的非理性过度反应。投资者的过度反应是通过股票价格的剧烈波动体现出来的。在本书的研究中,根据金融市场发展的历史经验,我们将股票的持续大幅下跌界定为股市危机。我们认为股市安全预警机制是指对股票市场运行过程中可能发生的巨幅下跌,甚至崩盘进行实时分析和监测,对监测结果获得的警情、警兆,发布警示预报;应急处理机制则是指能够立即准备或者启动的抑制股票价格暂时波动的制度安排。为了减少金融资产损失和金融体系遭受破坏的可能性,股市安全预警和应急处理机制应相互配合,协同作用,发现股市运行中可能存在的风险因素、突变因素,为股票市场的安全运行提供对策建议。预警机制的作用在于监控和发现股票市场的风险、突变因素,应急处理机制的作用则在于减少、削弱危机爆发后对经济体系的破坏作用,两个机制共同构成股市安全系统。在本书的前面章节里我们已经分别对股市安全预警与应急处理机制进行了论证和分析,两个机制协同作用,构成股市安全系统的实施框架如图8.1所示。

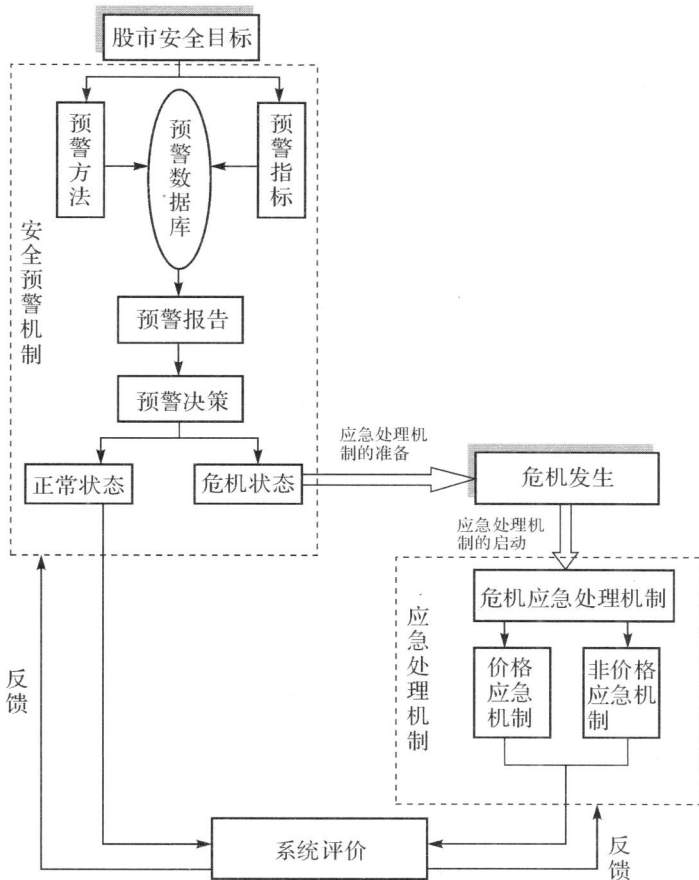

图 8.1　股市安全系统图

8.2　股市安全应急处理机制的调查问卷

　　由于本书对应急处理机制的研究主要采用了实验经济学方法,与现实市场存在一定的差别,为了增强我们提出的政策建议的现实性和有效性,我们进行了一项简单的问卷调查。问卷主要针对股市安全的相关政策,调查对象主要包括杭州市三家证券营业厅的普通投资者、浙江大学继续教育学院总裁班和浙江大学经济学院研究生进修班的学员,共发放 350 份问卷,有效回收 323 份(问卷见附录 2)。

　　在所有被调查的投资者中,女性占 38％,男性占 62％;30 岁以下的占 16％,30～40 岁的占 32％,40～50 岁的占 30％,50～60 岁的占 12％,60 岁以上的占 10％。

　　我们的调查结果显示了投资者对股市干预政策的非对称性,有 84％的人认为政府应该在股票市场持续下跌时采取稳定措施,而有 67％的人认为政府不应该在股票持续上涨时采取稳定措施。这一结果可能根源于我国股票监管当局在过去干预股市时往往“管涨不管跌”,政策的非对称性、不连贯性引起了股市的波动,引发了投资者的不满,因此投资者对于政策干预股价下跌有强烈的要求。

　　在回答“如果你的股票是满仓,一个交易日内大盘下跌多少时会让您感到恐慌?”时,有 60.5％的人认为大盘跌 4％以上就会感到恐慌。股票市场发展的历史显示,恐慌是造成股市危机的重要原因,在恐慌情绪的影响下,市场会出现大量非理性的抛盘,导致股票价格剧烈下滑和市场信心的崩溃。我们的调查结果显示,当大盘下跌 4％以上时,投资者就会感到恐慌,这一答案为我们启动应急处理机制的临界条件提供了借鉴意义。例如,大部分股票市场的断路器在股指下跌 10％时启动,由于我国存在个股涨跌停的限制,大盘指数不会到达 10％的跌幅,因此如果在我国设立大盘断路器,在大盘下跌 5％～8％时就启动断路机制可能是一个比较合理的选择。

　　针对大盘断路器,我们告知被调查者存在一种“断路器”机制,在一个交易日内当大盘跌幅超过一定幅度,比如 5％时,市场交易自动中断,暂停 30 分钟后交易继续开始。关于这种断路器的作用,有 78％的人认为大盘暴跌时,市场暂停交易有助于投资者冷静思考。但是在回答断路触发之后股价的走势时,有

37％的人认为断路器的触发不会改变大盘继续下跌的趋势,而更多的人认为无法判断。

关于设立平准基金,在回答"如果政府推出平准基金来维护市场稳定,当股市大幅下跌时,您相信平准基金会积极买入吗?"时,有 88％的人相信平准基金在股市大幅下跌的时候会入市进行买入操作,以维护市场稳定。当问到"如果中国股市存在平准基金,您相信在股票持续下跌时,平准基金一定会积极买入,采取措施稳定市场。在这种情况下,您在进行股票投资决策时会如何选择"时,有 41％的人在相信平准基金会在股票持续下跌时入市操作的前提下,会更加谨慎地进行操作,而 12％的人认为平准基金不会影响自己的操作。在 2008 年我国股市持续下跌的过程中,对是否推出平准基金市场存在激烈的争论.反对的原因之一是认为投资者预期到平准基金可能的救市行为后,投资者的决策会更加风险偏好。我们的调查结果则现实,平准基金不会激发投资者更大胆、更冒险的投资行为,而更趋于谨慎决策。

此外,我们要求被调查者回答在股市暴跌时,各类股市应急政策的有效性。从各类应急政策比较来看,投资者认为最有效的依次是:增加市场资金、下调印花税、暂停新股发行和增发、加强对违规市场操纵的监管、政府设立平准基金、控制国际游资撤出。这表明在过去几年中,增加市场资金、下调印花税、暂停新股发行和增发是我国股市调控的主要手段,投资者对这些政策是否有效有一定的了解,而对平准基金、控制国际游资等方式是否有效还缺乏了解。

以上结论为建立股市安全应急处理机制提供了一定的借鉴意义。

8.3 建立我国股市安全预警与应急处理机制的政策建议

针对本书的研究结论,我们提出以下政策建议:

第一,长期、实时监控、追踪影响股市安全的指标变量。股市危机的爆发是可以通过一系列先行指标的突变揭示出来的,本书对股市安全机理的理论、实证研究、对股市安全预警指标的研究显示,重要的宏观经济变量、金融机构发展变量、国际市场冲击变量等与股票的稳定发展有着密切的联系。因此,我们需要对这些指标进行有效的监控,及时发现可能影响股市安全的异动因素,采取有效的防范措施。

第二,在指标监控的基础上,建立有效的股市危机预警系统。本书的研究显示基于粒子群 BP 人工神经网络的预警模型具有较强的预测能力,我国股市可基于此模型建立预警系统,对各项预警指标进行监控,识别其中存在的风险,在具体的预警过程中分析诊断股市风险的原因与过程,采取适当的措施,避免风险带来的损失,促进我国股市稳健发展。

股市安全预警的实施过程包括以下几个重要环节:一是设置预警指标体系和预警目标;二是根据指标体系建立股市预警的实时数据库;三是建立基于粒子群 BP 神经网络的预警模型;四是通过预警模型的计算,对股市风险状况进行实时监控;五是当预警系统发出预警信号时,对风险的原因进行分析,采取适当的预警对策;六是根据我国股市的实际情况,对预警模型和预警指标体系进行完善和改进。

第三,当发生股市暴跌等严重影响股市安全运行的事件时,通过中央银行的货币政策提高市场的流动性。金融市场的发展历史显示,流动性过剩和正向的经济预期是股票市场泡沫膨胀的两个重要推动因素。然而,当经济增长前景不明朗时,市场流动性不足会导致投资者对股票市场的过度悲观,从而对股票过度低估。本书对历史上股市危机事件的案例分析显示,在应对股市可能出现的崩盘事件时,提高市场流动性是恢复市场信心的一个途径。提高市场流动性的货币政策包括降低利率、为金融机构注资、提供更多的贷款等方面。在一些情况下,中央银行的货币政策目标是"通胀目标",即保持物价水平的稳定,通胀目标与维护股市稳定的目标可能会存在矛盾。例如,2007—2008 年以来,我国的中央银行为控制居高不下的通货膨胀率持续多次提高利率和存款准备金,这些货币政策在一定程度上加重了股市的低迷走势。事实上,中央银行的紧缩政策对投资者心理预期的影响通常会大于对股市资金供应量实际减少的影响。面对这种情况,宏观经济政策的制定者要合理评价股票市场在经济体系中的重要作用,并积极引导投资者情绪,树立投资者对经济发展和股票市场发展的良好预期。

第四,引入大盘断路器机制。断路器是一种针对价格过度波动而设立的市场交易机制,其触发条件一般以上一交易日的收盘价为基准。许多证券市场设立了大盘断路器,以防止价格暴跌给金融系统带来的巨大危害。历史上断路器触发的案例也表明其在股市下跌时有短期抑制作用。在本书的实验中,断路器在抑制价格偏离理性预期的均衡价值方面发挥了显著的作用,加快了价值发现的过程。特别是在价格正向偏离时,断路器对价格泡沫的增加有很显著地抑制作用。此外,实验发现在大部分情况下,断路器触发后,投资者的报价水平比触发前更趋向于理性水平,进一步支持了断路器有效性的假说。本书对投资者的问卷调查显示,当大盘指数过度下跌时,会引发投资者的恐慌情绪,而大盘断路器的引入有助于投资者更为冷静、理性的思考。因此,我们建议在中国股票市场引入大盘断路器机制,当大盘单日跌幅在5%～8%左右时暂停所有交易,防止恐慌情绪的蔓延和股价非理性暴跌。

第五,设立我国股市的平准基金。从理论上来看,平准基金是一种以股票价值为参考、抑制价格偏离价值的市场稳定机制。通过对金融市场的逆向操作,如在股市非理性下跌、股票价格远低于其价值时买进;在股市持续暴涨、股票价值远高于其价值时卖出,从而熨平市场上非理性的剧烈波动,达到稳定市场的目的。尽管在股票市场的应用还不广泛,但其在外汇、期货市场的运用已经较为成熟。在平准基金设立和运行的具体机制上可以考虑以下几点:(1)以市盈率显著超过或者低于市场合理水平为平准基金入市的临界条件。如图8.2所示,2005—2008年我国股市的市盈率发生了剧烈的波动,如果以成熟的美国市场市盈率为参照,并考虑到我国属于新兴市场的特征,当我国股市市盈率显著偏高时(如50以上的区间),平准基金可以采用卖出策略,抑制价格泡沫的继续膨胀;而当市盈率显著偏低时(如25～30以下的区间),平准基金可以采取买入策略,以提高市场的信心。(2)平准基金对市场的反向操作需要运用大量的资金,但并不意味着亏损或者社会成本的增加。在现实中运行的平准基金只要遵循一定的策略和规则,一方面可以起到稳定市场的作用,另一方面从较长的

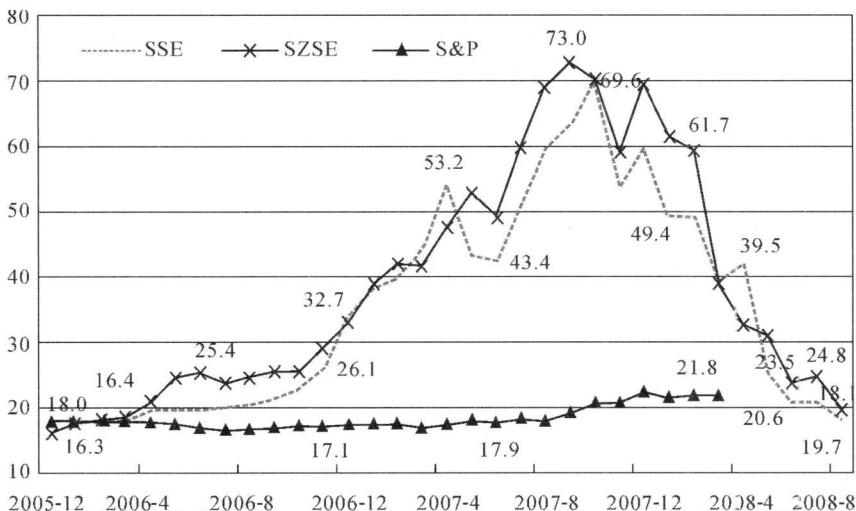

图8.2 上证综合指数(SSE)、深圳成分指数(SZSE)和美国 S&P 市盈率比较

时间段来看,低买高卖的操作策略还可以带来资金的增值。在我国,平准基金的资金来源可以是股票的印花税,向机构投资者、券商征收的安全保证金,并可以对新股的发行和增发、配售新股采用根据其溢价情况,增加提取平准基金。(3)平准基金的运作要进行严格、科学的管理。平准基金的操作应遵从公平、公开、公正的原则,需定期公布基金的总额、单位净值和持仓结构,使投资者对平准基金的操作具有稳定的预期。

第六,对国际游资进出股市进行有效监控,并且征收股票交易特许税。本书的理论和实证研究显示,随着人民币汇率市场化和金融市场的不断开放,我国股市越来越多地受到国际市场的影响,特别是 2008 年股市的多次暴跌与国际市场的冲击也有密切的关系。股票交易特许税能够为国际游资设置成本障碍,促进股票市场平稳发展。当前条件下,我国的资本市场尚未对外开放,但是相当多的外资已经通过地下途径涌入股票市场,然而对外资流入股市一直缺乏合理而有效的监控方式。随着全球经济一体化的进程,我国股票市场不可避免受到外部冲击的影响,在这种情况下要进一步探索国际游资流动的监控体系,对流入、流出股市的外资征收股票交易特许税,增加国际游资冲击我国股市的成本,为我国股市的合理运行提供保证。

附录 1　实验说明(以基准实验组为例)

　　欢迎参加今天的实验。本次实验的目的是更准确地对经济决策行为进行分析。您参加本次活动的报酬高低取决于您和其他实验参与者在实验中做出的选择。在实验结束时,您所拥有的资产将按一定比例转化为人民币作为实验报酬支付给您。

　　请注意您从我们这里得到的书面信息只供您个人使用,实验后将收回。不允许将任何信息透露给其他将要参加实验的人员。在实验中请勿与其他实验参与者交流 。另外不准使用手机,如有发现将会取消参加资格。

　　实验过程如下:

- 首先,请仔细阅读说明;
- 当所有人阅读完毕后,将进行 4 分钟的测试轮;
- 当测试结束后,实验正式开始,共进行 20 轮;
- 最后,您将获得相应的实验报酬。

　　您做出的选择及输入在任何时间都是完全匿名的,不会和您的个人信息相关联。如果您现在或者在实验中有任何疑问,请您示意我们。我们会为您亲自解答。

　　(1)关于本实验的基本信息

　　实验共有 20 轮,每一轮 120 秒钟。每轮中您通过电脑输入做出您的选择。在屏幕左上角显示实验当前所处轮数。每轮实验又分为不同阶段,其中的一些有时间限制,请注意屏幕右上角的倒计时。

　　在实验中,每 7~10 位参与者将被分配到同一个市场中。每位实验者在初期将得到 12000 的现金和 10 个股票,其中有 4000 的现金是借款。借款会在随机的某一期要求归还 4000 的现金,交易者会提前一期得知偿还借款的信息。

（2）每轮实验的过程

在实验中，您和其他实验参与者将处于同一个市场中。在该市场中，你们将买卖同样的产品，叫做股票。在实验开始时，您将得到初始的股票和现金。在市场中，您可以用自己的现金购买其他参与者的股票，也可以向其他参与者出售自己所拥有的股票，从而使自己的现金获得增长。

在每一轮中，你可以和其他参与者交易股票。每两轮之间，会有一个暂停显示您当前的现金与股票数目，您可以点击继续进入下一轮交易。整个实验持续时间约为 50 分钟。

实验结束后，每个人持有的股票将会按照股票价值兑现。每份股票的价值都是一样的。在每一轮中，你会得知关于股票价值的信息，但不到最后一轮，你无法获得股票价值的准确值。最后你的收入＝第 20 轮结束时持有的现金＋第 20 轮结束时持有的股票×股票的最终价值，然后折算为现金支付给你。

（3）如何买卖股票？

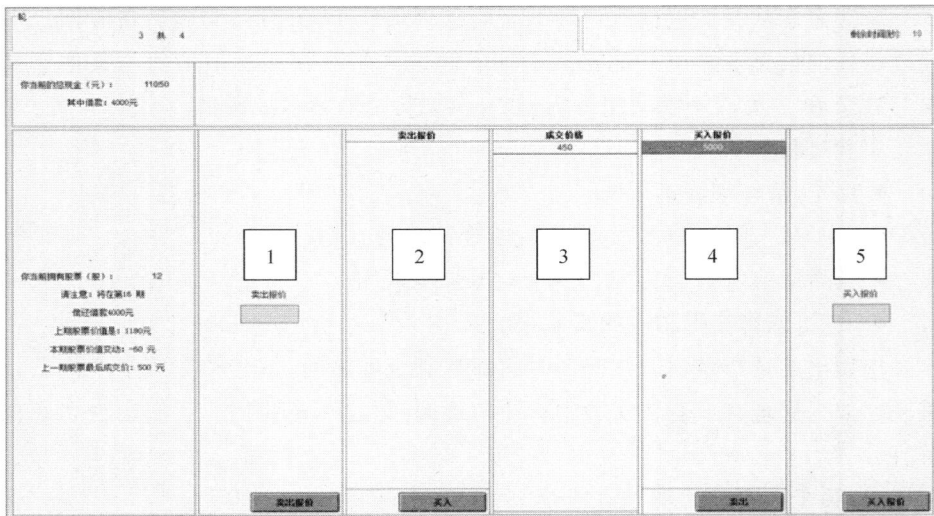

● 如何买证券：实验者可以在 5 号区域报出自己的买价，并点击 **买入报价** 按钮，该价格会显示在 4 号区域中（从上到下价格递增排列），等待其他实验者以该价格卖出；或者在 2 号区域选择自己愿意支付的价格，并点击 **买入** 按钮；

● 如何卖证券：实验者可以在 1 号区域报出自己的卖价，并点击 **卖出报价** 按钮，该价格会显示在 2 号区域中（从上到下价格递减排列），等待其他实验者以该价格买入；或者在 4 号区域选择自己愿意获得的价格，并点击 <kbd>卖出</kbd> 按钮。

● 在 3 号区域将显示当轮市场上所有的成交价，从上到下按成交先后顺序排列。

● 每位参与者可以在一轮中同时报出多个不同的卖价和买价；每一轮中可以成交多股，但每一次成交的股票数目为 1 股；自己不能与自己交易。

(4)股票价值的计算

在实验结束的时候，每一份股票将会按股票的最终价值兑换为现金支付给持有者。从下面的表述中，你们将了解什么是股票价值。在实验初始，每一个股票账面价值为 1200。在每一轮开始时，市场将会受到一个正向的或者负向的冲击。股票价值有 50％ 的概率增加 40，有 50％ 的概率减少 60。两者发生的概率是一样的。这个冲击信息，以及上一轮的股票价值会向所有参与者公开。20 轮之后，市场进入第 21 期，此时交易停止，但股票还会再一次受到一个正向的或者负向的冲击，然后按照冲击之后的最终价值来兑现。

注意：每一轮的冲击都是相对独立的，前一轮的冲击与后一轮的冲击没有联系。

以下的例子将帮助你更好地理解股票的最终价值：

轮数	1	2	3	4	5	6	7	8	9	10
冲击	−60	+40	+40	−60	+40	+40	−60	−60	−60	−60
轮数	11	12	13	14	15	16	17	18	19	20
冲击	+40	−60	+40	+40	+40	−60	+40	−60	+40	+40

初始每个股票价值为 1200，那么最后一轮结束时，股票价值为 1100，假设 20 轮结束后，再次受到 −60 的冲击，股票的最终价值就是 1040

附录 2　投资者调查问卷

您好：

衷心感谢您的支持和帮助！

本调查问卷的目的在于为有关证券市场投资行为的研究提供支持性的材料和数据，绝不用于任何商业用途。对于每个问题，您只需在符合您的实际情况和判断的该题选项框中打√即可。

再次感谢！

1.您的性别是 （　　）

  A. 女性　　　　　　B. 男性

2.您的年龄是 （　　）

  A. 30 岁以下　　　B. 30～40 岁　　　C. 40～50 岁　　　D. 50～60 岁

  E. 60 岁以上

3.您的婚姻状态是 （　　）

  A. 未婚　　　　　　B. 已婚

4.您的学历是 （　　）

  A. 高中或高中以下　B. 大专　　　　　C.本科　　　　　　D.硕士

  E. 博士

5.您的职业是 （　　）

  A. 金融、投资业　　B. 非金融、投资业　　C. 在校学生　　　D.离退休

6.如果你的股票是满仓，一个交易日内大盘下跌多少时会让您感到恐慌？（　　）

  A. 1%～2%　　　　B. 2%～3%　　　　C. 3%～4%　　　　D. 4%～5%

  E. 5%～6%　　　　F. 6%以上　　　　G. 无论多少都不会恐慌

7.当大盘暴跌，如果您手中持有股票，并且还有盈利，您最可能的选择是：（　　）

A. 卖出股票　　　　　B. 买进股票　　　　　C. 不进行任何交易　　D. 其他

8. 当大盘暴跌，如果您手中持有股票，并且开始亏损，您最可能的选择是：（　　　）

A. 卖出股票　　　　　B. 买进股票　　　　　C. 不进行任何交易　　D. 其他

9. 如果设置一种"断路器"机制，在一个交易日内当大盘跌幅超过一定幅度，比如 5% 时，市场交易自动中断，暂停 30 分钟后交易继续开始。关于这种断路器的作用，以下观点您是否赞同？

(1) 如果大盘暴跌，所有交易自动暂停，在暂停期间投资者会冷静思考，等待交易重新开始后，投资者会做出更加合理的投资决策。

A. 完全赞同　　　　　B. 比较赞同　　　　　C. 基本赞同　　　　　D. 不太赞同

E. 完全不赞同

(2) 如果大盘暴跌，所有交易自动暂停，投资者会担心开盘后股市继续暴跌，手中股票无法卖出，交易暂停会让市场更加恐慌。

A. 完全赞同　　　　　B. 比较赞同　　　　　C. 基本赞同　　　　　D. 不太赞同

E. 完全不赞同

(3) 如果大盘暴跌，所有交易自动暂停，交易恢复后，您认为以下哪种情况发生的可能性更大？

A. 大盘会继续下跌　　B. 大盘会止跌　　　　C. 大盘会上涨　　　　D. 无法估计

10. 您是否赞同当股票市场持续下跌时，政府采取措施稳定市场？

A. 完全赞同　　　　　B. 比较赞同　　　　　C. 基本赞同　　　　　D. 不太赞同

E. 完全不赞同

11. 您是否赞同当股票持续上涨时，政府采取措施控制股市泡沫的产生？

A. 完全赞同　　　　　B. 比较赞同　　　　　C. 基本赞同　　　　　D. 不太赞同

E. 完全不赞同

12. 如果政府推出平准基金来维护市场稳定，当股市大幅下跌时，您相信平准基金会积极买入吗？

A. 非常相信　　　　　B. 基本相信　　　　　C. 不太相信　　　　　D. 非常不相信

E. 不清楚

13. 如果中国股市存在平准基金，您相信在股票持续下跌时，平准基金一定会积极买入，采取措施稳定市场。在这种情况下，您在进行股票投资决策时：

A. 会更加大胆　　　B. 会更加谨慎　　　C. 不会影响我的决策　　　D. 其他

14. 当股市下跌时，您认为以下政策在稳定市场上的效果怎样？（请在符合选项的方框内打 "√"）

	A. 非常有效果	B. 比较有效果	C. 有一点效果	D. 不太有效果	E. 完全没有效果	F. 不清楚
下调印花税						
增加市场资金						
暂停新股发行和增发						
政府设立平准基金,在市场下跌时积极买入						
控制国际游资撤出						
加强对违规市场操纵的监管						

主要参考文献

曹晓华.证券市场稳定机制的实验研究[D].博士学位论文,上海交通大学,2006

陈道富.治理股市大起大落[J].中国产业经济动态,2008(8):5—9

陈健,陈昭.股市价格与货币供应量关系的实证研究[J].中共贵州省委党校学报,2007(1):54—56

陈松林.中国金融安全问题研究[M].北京:中国金融出版社,2002

董登新.中国股市:还原真实市场[J].中国中小企业,2009(6):55—56

谷耀,陆丽娜.沪、深、港股市信息溢出效应与动态相关性——基于 DCC-(BV)EGARCH-VAR 的检验[J].数量经济技术经济研究,2006(8)

贺力平.从国际和历史视角看国际资本流动与金融安全问题[J].国际经济评论,2007(11— 12)

洪涛.证券市场价格限制机制的实验研究[D].硕士学位论文,浙江大学,2010

胡岷.转轨经济及封闭条件下我国股票市场安全的制度分析[D].博士学位论文,西南财经大学,2004

胡少维.关于我国居民消费走势的思考[J].经济纵横,2001(12):7—20

胡星阳.证券交易税对证券市场的影响[J].台北:台湾大学财务金融学系暨研究所,1998

华民.股票市场制度缺陷与未来发展方向[N].上海证券报,2008-4-9

黄颖利.衍生金融工具风险信息实时披露与预警研究[D].博士学位论文,东北林业大学,2005

蒋海,傅建辉.金融安全理论述评[J].学术研究,2008(7)

雷家骕.国家经济安全理论与方法[M].北京:经济科学出版社,2000

梁勇.开放的难题:发展中国家的金融安全[M].北京:高等教育出版社,1999

廖静池,李平,曾勇.中国股票市场停牌制度实施效果的实证研究[J].管理

世界,2009(2)

刘国宏.基于人工神经网络的经济预测研究[D].硕士学位论文,天津大学,2005

李国勇.智能控制及其 MATLAB 实现[M].北京:电子工业出版社,2006:1—159

刘海龙,吴冲锋.吴文峰等.涨跌幅限制与流动性研究[J].系统工程理论方法应用,2004(1)

刘仁和,黄英娜,郑爱明.我国股票市场财富效应的实证分析[J].经济问题,2008(8):98—101

刘逖.证券市场微观结构理论与实践[M].上海:复旦大学出版社,2002

罗赤橙,刘建江.股市财富效应的实证检验[J].统计与决策,2008(1):137—139

刘锡良等.中国经济转轨时期金融安全问题研究[M].北京:中国金融出版社,2004

刘永福.人工神经网络在上海股市趋势预测中的应用——与时间序列预测对比分析[D].硕士学位论文,东北财经大学,2003

钱小安.资产价格变化对货币政策的影响[J].经济研究,1998(1)

沈根祥.涨跌停板制度对 ST 股票收益波动的影响[J].数量经济技术经济研究,2003(5):135—139

石建民.股票市场、货币需求与总量经济:一般均衡分析[J].经济研究,2001(5):45—52

舒家先,谢远涛.人民币汇率与股市收益的动态关联性实证研究[J].技术经济,2008(2)

孙培源,施东辉.涨跌幅限制降低了股价波动吗?——来自中国股票市场的证据[J].证券市场导报,2001

田雨波.混合神经网络技术[M].北京:科学出版社,2009:1—57,148—179

屠孝敏.利率调整对我国股票市场影响的实证分析[J].西南民族大学学报(人文社科版),2005(26):236—238

王建新.基于人工神经网络的房地产市场预警体系研究[D].硕士学位论文,浙江大学,2005

王雁茜.交易制度、交易成本与市场质量——中国证券市场理论与实证研究[D].博士学位论文,浙江大学,2004

王元龙.我国对外开放中的金融安全问题研究[J].国际金融研究,1998(5)

吴林祥.市场稳定制度对股价的影响及其改进——关于涨跌幅限制作用的

实证研究[R].深圳证券交易所研究报告,2002

武晓炜.基于人工神经网络的股价预测模型研究[D].硕士学位论文,大连理工大学

杨雪.基于人工神经网络的中国货币需求建模与预测[D].硕士学位论文,西南财经大学,2005

虞伟荣,胡海鸥.论金融风险监控指标体系的最新发展——IMF金融稳健性指标评价体系评介[J].外国经济与管理,2000(4)

张碧琼.中国股票市场信息国际化:基于EGARCH模型的检验[J].国际金融研究,2005(5)

张亦春,许文彬.金融全球化、金融安全与金融演进[J].管理世界,2002(8)

张宗新,厉格非.证券市场制度缺陷的实证分析[J].经济理论与经济管理,2001(12)

赵涛,郑祖玄.信息不对称与机构操纵——中国股市机构与散户的博弈分析[J].经济研究,2002(7)

赵会.地区宏观经济预测中的人工神经网络模型与方法研究[D].硕士学位论文,大连理工大学,2000

赵振全,吕继宏.涨跌停板对市场有效性的影响[M].北京:中国统计出版社,2001

赵志君.金融资产总量、结构与经济增长[J].管理世界,2000(3)

Ackert L F, Church B, Jayaraman N. An experimental study of circuit breakers: the effects of mandated market closures and temporary halts on market behavior[J]. Journal of Financial Markets, 2001,4(2):185—208.

Ades, Alberto, Rumi Masih, and Daniel Tenengauzer, Gs-Watch: A New Framework for Predicting Financial Crisis in Emerging Markets[R]. New York: Goldman Sachs, 1998

Ades, Alberto & Tenengauzer, D Gs-Watch: A New Framework for Predicting Financial Crisis in Emerging Markets[M]. New York, 1998

Altam E I. Financial ratios, discriminant analysis and the prediction of corporate bankruptcy[J]. The Journal of finance, 1968, 23(4):589—609

Baba N. & Kozaki M. An Intelligent Forecasting System of Stock Price Using Neural Networks[J]. IEEE, 1992:371—377

Baig T. & Goldfajn, I. Financial Markets Contagion in The Asian Crises [J]. IMF Mimeo, 1998

Barnea A. Performance Evaluation of New York Stock Exchange Specialists[J]. Journal of Financial and Quantitative Analysis, 1974(9), 511—535

Bekaert, G., Harvey, C. R. & Ng, A. Market Integration and Contagion[J]. Journal of Business, 2005, 78(1)

Benartzi Shlomo, Thaler. H. Myopic Loss Aversion and the Equity Premium Puzzle[J]. Journal of Economics, 1995, 110(1): 73—92

Berg, Andrew & Pattillo, C. Predicting Currency Crises: The Indicators Approach and An Alternative [J]. Journal of International Money and Finance, 1999: 561—586

Brady N. F. Report of the presidential task force on market mechanisms [M]. US Government Printing Office, 1988

Caginalp, David and Vernon, L., Do Speculative Stocks Lower Prices and Increase Volatility of Value Stocks? [J]. The Journal of Psychology & Financial Markets, 2002, (3)

Calvo G. A. Contagion in emerging markets: when Wall Street is a carrier[J]. 1999

Chou R., Ng, V. & Pi, L. Cointegration of International Stock Market Indices[R]. IMF Working Paper, 1994

Claessens S., Dornbusch R., Park Y. C. Contagion: How It Spreads and How it can Be Stopped? [J]. The World Bank, 1999

Demirguec-Kunt A., Detragiache E. The Determinants of Banking Crises [J]. IMF Working Papers, 1997, 45(1): 81—109

Domaldson R. G. & Kamstra, M. A New Dividend Forecasting Procedure that Rejects Bubbles in Asset Price: The Case of 1929's Stock Crash [J]. The Review of Financial Studies, 1996(2): 333—383

Dornbursh, R. & Fischer, S. Exchange Rates and The Current Account [J]. American Economic Review, 1980, 70(5): 960—971

Drazen A. Uncertain Duration of Reform: Dynamic Implications, Macroeconomic Dynamics[J]. Social Science Electronic Publishing, 1998, 2 (4): 443—455

Duisenberg W. F. The Contribution of The Euro to Financial Stability [J]. Globalization of financial markets and financial stability，2001：37—51

Dynan & Maki. Does Stock Market Wealth Matter for Consumption? [M]，Mimeo：Board of Governors of the Federal Reserve System，2001

Edison H J. Do indicators of financial crises work? An evaluation of an early warning system[J]. International Journal of Finance & Economics，2003,8(1)11—53.

Eichengreen B. & Wyplosz，C. Speculative Attacks on Pegged Exchange Rates：An Empirical Exploration With Special Reference to the European Monetary System[R]. NBER Working Paper,1994

Eichengreen B.，Rose A.，& Wyplosz，C. Contagious Currency Crises [R]. NBER Working Paper，1996

Epps T. W.，Epps M. L. The stochastic dependence of security price changes and transaction volumes：Implications for the mixture-of-distributions hypothesis[J]. Econometrica：Journal of the Economic Society，1976：305—321

Fama E. F. Stock Returns，Real Activity，Inflation and Money [J]. American Economic Review，1981，71(4)：545—65

Fama E. F. & Schwert G. W. Asset Returns and Inflation[J]. Journal of Financial Economics，1977,5 (2)：115 —146

Ferguson R. W. Should financial stability be an explicit central bank objective [J]. Challenges to Central Banking from Globalized Financial Systems，IMF，Washington DC，2003：208—223.

Fischbacher Urs：z‐Tree：Zurich Toolbox for Ready‐made Economic Experiments，Experimental Economics[J]. 10(2),2007：171—178

Forbes K.，Rigobon R. No Contagion Only Interdepenence：Measuring Stock Market Comovements[J]. Journal of Finance，2002,57(5)：2223—2261

Frankel J A.，Rose A. K. Currency crashes in emerging markets：An empirical treatment[J]. Journal of international Economics，1996,41(3)：351—366

Garber Peter M. & Lumsdaine R. L. Deutsche Bank Alarm Clock：Forecasting Exchange Rate and Interest Rate Events in Emerging Markets [R]. New York：Deutsche Bank，2000

Gervais S.，Heaton J. B.，Odean T. Overconfidence，Compensation Contracts，and Capital Budgeting[J]. Journal of Finance，2011,66(5)：1735—1777

Gjerde & Saettem F. Causal Relations Among Stock Returns and Macroeconomic Variables in A Small, Open Economy [J]. Journal of International Financial Markets, Institutions and Money, 1999, 9: 61—74

Greenspan A. The roots of the mortgage crisis [J]. Wall Street Journal, 2007,12

Greenwald B. C., Stein J. C. Transactional risk, market crashes, and the role of circuit breakers[J]. Journal of Business, 1991: 443—462

Griffin D., Tversky A. The Weighing of Evidence and the Determinants of Confidence[J]. Cognitive Psychology, 1992,24(3): 441—435

Goldman C. A., Williams T. Paying for University Research Facilities and Administration[J]. Educational Finance, 2000

Goldman M. B., Beja A. Market prices vs. equilibrium prices: Returns' variance, serial correlation, and the role of the specialist[J]. The Journal of Finance, 1979,34(3): 595—607

Goldstein M., Kaminsky G. L., Reinhart C. M. Assessing financial vulnerability: an early warning system for emerging markets[M]. Peterson Institute, 2000.

Goldstein M. A., Evans J. E., Mahoney J. M. Circuit breakers, volatility, and the US equity markets: evidence from NYSE Rule 80A[C]// Presented Paper in 1998 FMA Meetings. 1998.

Hakansson N. H., Beja A., Kale J. On the feasibility of automated market making by a programmed specialist[J]. The Journal of Finance, 1985,40(1): 1—20

Hamao Y., Masulis R., & Ng, V. Correlations in Price Changes and Volatility Across International Stock Markets[J]. The Review of Financial Studies,1990, 3(2):281—307

Hasbrouck J., Schwartz R. A. Liquidity and execution costs in equity markets[J]. The Journal of portfolio management, 1988,14(3): 10—16

Houben A., Kakes J., Schinasi G. J. Toward a framework for safeguarding financial stability[M]. International Monetary Fund, 2004.

Jarrell G. A. Change at the exchange: The causes and effects of deregulation[J]. JL & Econ., 1984, 27:273—294

Kaminsky G., Lizondo S., Reinhart C. Leading indicators of currency crisis[J]. International Monetary Fund, 1998,45(1):1—45

Kaminsky G. & Reinhart C. Leading Indicators of Currency Crises[R]. International Monetary Fund Staff Papers，1998：1—48

Kaminsky G. & Reinhart C. On Crises，Contagion and Confusion[J]. University of Maryland mimeo，1998

Kaminsky G. & Reinhart C. The Twin Crises：The Causes of Banking and Balance of Payments Problems[J]. American Economic Review，1999，89：3，473—500

Kim K. A.，Rhee S. Price limit performance：evidence from the Tokyo Stock Exchange[J]. The Journal of Finance，1997，52(2)：885—901

Kim Y. H.，Yang J. J. The effect of price limits on intraday volatility and information asymmetry[J]. Pacific-Basin Finance Journal，2008，16(5)：522—538.

King M. & Wadhwani S. Transmission of Volatility Between Stock Markets[J]. Review of Financial Studies. ，1990，3(1)：5—33

King R. R.，Smith V. L.，Williams，A. W.，and Van Boening，M.，The Robustness of Bubbles and Crashes in Experimental Stock Markets[C]，in R. H. Day and P. Chen，eds.，Nonlinear Dynamics and Evolutionary Economics，New York：Oxford University Press，1993，183—200.

Lee S. B. & Kim K. J. The Effect of Price Limits on Stock Price Volatility：Empirical Evidence from Korea[J]. Journal of Business Finance & Accounting，1995：257—267

Levine R. & Zervos S. Stock Markets，Banks，and Economic Growth[J]. American Economic Review，1998，88 (3)：537—558

Lin Shengle，Stephen Rassenti，Are Under-and Over-reaction the Same Matter? Experimental evidence [J]. Journal of Economic Behavior & Organization，2012，84(1)：39—61

Ludvigson S. & Steindel C. How Important Is the stock market Effect on Consumption[J]. Economic Policy Review，1999，5(2)：34—42.

Malliaris M. E. Modeling the Behavior of the S & P 500 Index：A Neud Network Appmach[J]，IEEE，1994：86—90

Marcel F.，Matthieu B.，Winfried K. Uncertainty and Debt-Maturity in Emerging Markets[J]. Journal of Macroeconomics，2006，6(1)：1—28

Merikas A. G. & Merika A. A.，Stock Prices Response to Real Economic Variables：the Case of Germany[J]. Managerial Finance，2006，32 (5)：446—450

Masih A. M. M. & Masih R. Are Asian Stock Market Fluctuations Due Mainly to Intra‐regional Contagion Effects? Evidence Based on Asian Emerging Stock Markets[J]. Pacific-Basin Finance Journal，1999：251—282

Masson Paul R.，Contagion：Monsoonal Effects，Spillovers，and Jumps Between Multiple Equilibria[R]. IMF Working Paper，1998：1—32

Merikas A. G. & Merika A. A.，Stock Prices Response to Real Economic Variables：the Case of Germany[J]. Managerial Finance，2006，32 (5)：446—450

Mullainathan S.，Bertrand M. Is there Discretion in Wage Setting? [R]. A Test Using Takeover Legislation，1998

Niederhoffer V.，Osborne M. F. M. Market making and reversal on the stock exchange[J]. Journal of the American Statistical Association，1966，61(316)：897—916

Northcraft G. B.，Neale M. A. Experts，amateurs，and real estate：An anchoring and adjustment perspective on property pricing decisions [J]. General Information，1987，39(1)：84—97

Odom M. D.，Sharda R. A Neural Network Model for Bankruptcy Prediction[C]. International Joint Conference on neural networks，1990：163—168

Padoa-Schioppa T.，Central Banks and Financial Stability：Exploring A Land In between[J]. The transformation of the European financial system，2003：269：310

Poterba J. M. Stock Market Weal the and Consumption[J]. Journal of Economic Perspectives，2000，14(2)：99—118

Qi M. Predicting US Recessions with Leading Indicators Via Neural Network Models[J]. International Journal of Forecasting，2001，17：383—401

Ritter R. J. Economic Growth and Equity Returns[J]. Pacific‐Basin Finance Journal，2005，13：489—503

Roll K. Price Volatility，International Market Links，and Their Implications for Regulatory Policy[J]. Journal of Financial Services Research，1989，211—246

Roman J.，Jameel A. Backpropagation and recurrent neural networks in financial analysis of multiple stock market returns[C]//System Sciences，1996.，Proceedings of the Twenty‐Ninth Hawaii International Conference on，. IEEE，1996，2：454—460

Roy A.，Tudela M M. Emerging Market Risk Indicator (Emri)：Re-Estimated Sept 00[J]. New York：Credit Suisse/First Boston，2000.

Costs, Benefits and Unresolved Questions [J]. Financial Analysts Journal, 1993,49(5):27—35

Seasholesa M. S., Wu G., Predictable Behavior, Profits, and Attention [J]. Journal of Empirical Finance, 2007,14(5):590—610

Shiller R. Irrational Exuberance[M]. Princeton University Press, 2000

Smith V. L., Suchanek G. & Williams, A. Bubbles, Crashes, and Endogenous Expectations in Experimental Spot Asset Markets [J]. Econometrica, 1988: 1119—1151

Sornette D., Andersen J. V. Optimal Prediction of Time-to-Failure from Information Revealed by Damage[J]. EPL, 2005(5):787—784

Subrahmanyam A. Circuit breakers and market volatility: A theoretical perspective[J]. Journal of Finance, 1994: 237—254

Sheng Andrew. Bank Restructuring in Spain, 1977—1985[C]. in Bank Restructuring: Lessons from the 1980s. Word Bank. 1996, Washington D. C

Tam K. Y. & Kiang M. Y. Managerial Applications of Neural Networks: The Case of Bank Failure Predictions[J]. Management Sxcience, 1992,38(7):923—947

Tobin J. On the efficiency of the financial-system [J]. Lloyds Bank Annual Review, 1984(153): 1—15

Umlauf S. Transaction Taxes and the Behavior of the Swedish Stock Market[J]. Journal of Financial Economics, 1993, 33:227—240

Wongbangpo P. & Sharma, C. S. Stock Market and Macroeconomic Fundamental Dynamic Interactions: ASEAS-5 countries[J]. Journal of Asian Economics, 2002, 13:27—51

Yand B., Li L. X., Ji, H. & Xu, J. An Early Warning System for Loan Risk Assessment Using Artificial Neural Networks[J]. Knowledge-Based Systems, 2001, 14:303—306

Yu S. W. Forecasting and Arbitrage of the Nikkei Stock Index Futures: An Application of Back-propagation Networks[J]. Asia-Pacific Financial Markets, 1999, 6:341—354

Zandi M. R. Wealth Worries[J]. Regional Financial Review, 1999

Zhang J. Long-run implications of social security taxation for growth and fertility[J]. Southern Economic Journal, 2001: 713—724

索　引

后　　记

　　本书是在本人承担的国家社会科学基金青年项目"股市安全预警与应急处理机制研究"的部分研究成果之上形成的,并得到浙江大学侨福建设基金的资助。

　　本书的研究工作始于 2008 年,正是美国爆发次贷危机、中国股市剧烈震荡的时期。基于这样的现实背景,我们选择了股市安全预警与应急处理机制研究这样一个富有挑战性的主题进行研究,旨在探索是否可以通过选取预警指标、构建预警系统对股市危机进行警示,以及怎样的制度安排有助于促进股票市场的稳定性。我们采用了人工神经网络、实验经济学等研究方法对以上问题进行研究,得到了一些有意义的结论。

　　股票市场具有不确定性的本质,股市危机不可避免,但良好和成熟的市场制度有助于降低股市危机的可能性,减弱其对经济体产生的负面影响。时至今日,中国股票市场的制度建设依然任重道远。我们在本书中讨论的股市危机预警机制以及大盘断路器、平准基金等应急处理机制尚未在我国市场中得以应用。继续探索这类机制在中国市场的适用性成为我们未来进一步研究的方向。

　　本书是我所在的研究团队持续多年集体合作的成果。除我之外,浙江大学的洪涛同学、张慧同学参与了项目的研究工作,在数据收集、实验设计与实施等方面付出了大量努力,参与了部分章节的写作。其中,洪涛同学主要参与应急处理机制的实验研究与第六章、第七章的写作;张慧同学主要参与人工神经网络预警模型的研究与第五章的写作;朱笛同学、朱俊磊等同学也参与了第三章的写作。浙江大学经济学院的金雪军教授、王雁茜副教授、王义中副教授、张雪芳副教授为项目的研究工作提供了帮助与支持。在本书付梓之际,我向各位同事与同学的支持表示衷心的感谢。

　　由于研究能力的限制,本书也存在诸多局限性,请读者朋友指正。

杨晓兰

2015 年 5 月于浙江大学玉泉

图书在版编目(CIP)数据

股市安全预警与应急处理机制研究 / 杨晓兰著. —杭州：
浙江大学出版社,2015.7
ISBN 978-7-308-14866-5

Ⅰ.①股… Ⅱ.①杨… Ⅲ.①股票市场-研究-中国
Ⅳ.①F832.51

中国版本图书馆 CIP 数据核字(2015)第 160370 号

股市安全预警与应急处理机制研究

杨晓兰　著

责任编辑	傅百荣
封面设计	姚燕鸣
出版发行	浙江大学出版社
	（杭州市天目山路 148 号　邮政编码 310007）
	（网址：http://www.zjupress.com）
排　　版	杭州星云光电图文制作有限公司
印　　刷	杭州日报报业集团盛元印务有限公司
开　　本	710mm×1000mm　1/16
印　　张	10.75
字　　数	193 千
版 印 次	2015 年 7 月第 1 版　2015 年 7 月第 1 次印刷
书　　号	ISBN 978-7-308-14866-5
定　　价	39.00 元